은유시인 김영찬(金永燦) 시선집 제2집

기획·발행처　도서출판 한국인

출판·인쇄처　도서출판 釜山文學

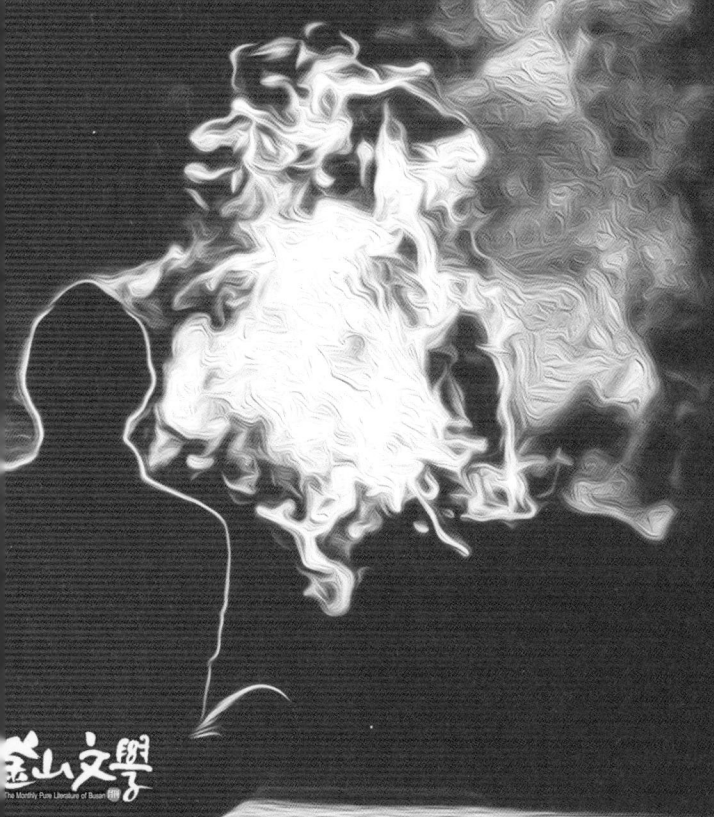

펼치는 글

詩를 쓰면서 문득…

내 詩에 대한 평을 들을 것 같으면 역동적이며 관념적이라 한다. 좋게 표현하여 그렇다는 얘기다. 그리고 내 시가 이해하기엔 꽤 어렵다 한다.

사실 사람들은 詩를 잘 읽지 않는다. 다른 장르의 글에 비해 짧은 글이라 하여 부담 없이 읽을 수도 있겠으나, 대체적으로 詩를 잘 읽지 않는 추세이다. 그렇다고 다른 장르의 글은 또 잘 읽느냐? 그건 나도 알 수 없다. 그렇지만 우리나라 사람들이 일본 사람들에 비해 워낙 글을 읽지 않는 국민이란 것은 잘 안다.

나는 대개 제목부터 정해 놓고 글을 쓴다. 제목이 정해지면 생각나는 대로 글을 쓴다. 전체 줄거리를 정해 놓고 쓰는 경우는 전혀 없다. 그냥 써나가면서 퍼즐 맞추듯이 그리 쓰는 것이다. 글의 전체 길이도 정해 놓지 않는다. 더 길게 끌어갈 수도 있고 적당히 끝낼 수도 있다.

이런 것도 분명 뛰어난 재능에 속할 것이며, 이런 재능이 내게 부여된 것에 대해 하나님께, 그리고 그런 유전자를 내게 물려준 부모님께 감사 드린다.

나는 내 詩가 역동적이란 것은 인정한다. 역동적이란 것은 힘이 넘쳐난다는 것을 말하며 그만큼 내가 살아있는 낱말의 활용에 탁월하다는 것을 의미하는 것이리라. 그리고 내 가슴 속에 분노가 그득 차있다는 것을 의미한다. 타락할 대로 타락한 세상과 거짓으로 뭉쳐진 세상 사람들을 향해 호되게 질타하려는 것이다.

관념적이란 표현은 별로 인정하고 싶지 않다. 관념이란 막연한 개념으로써 지극히 훈계적인, 그리고 상투적인 어법이다. 흔히들 詩에서는 자주 써먹는 고루한 낱말의 남용을 지적할 때 사용하는 말이다.

그리고 내 詩를 이해하기 어렵다는 말도 괜히 거슬린다. 나는 내 詩가 어렵다고 여기지 않는다. 가급적 은유법보다는 직유법을 사용하고 어려운 낱말은 사용하지 않으려 한다.

詩를 써오면서 다른 이들의 詩를 읽거나 유명 시인들의 詩를 읽어볼 때가 있다. 대개의 詩들에 있어 생각보다 난해한 표현들이 많음을 느낄 수가 있고, 특히 유명詩일수록 암송하기 편리하게 깎아놓은 밤톨처럼 반질거리는 것을 느낄 수가 있다.

시시각각 변하려드는 감정이란 것은 결코 믿을게 못된다. 부모의 주검을 앞에 놓고 詩를 쓸 경우, 그 슬픔에 북받친 감정에 의해 한 줄 한 줄마다 본인의 슬픔이나 부모에 대한 애틋한 사랑이 글로 녹아내릴 수 있을 것이다. 그렇지만 시간이 흘러 그러한 감정이 사그라진 상태에서 그 詩를 다시 고쳐야겠다면 그 절절했던 감정을 어떻게 되살릴 수가 있겠는가.

그러니 자신의 詩 한 편을 놓고 수백 번도 넘게 퇴고했다는 시인의 말을 들으면, 나로서는 수긍이 가지 않는 것이다. 물론 독자에 대한 예의는 지극히 깍듯했다는 것은 인정하더라도 말이다.

2019년 9월

은유시인 **김 영 찬**

차 례

생각이 생각을 낳고  제1부

[詩-20021222] 탈피脫皮	012
[詩-20021223] 12월을 보내며	014
[詩-20021225] 메리 크리스마스	017
[詩-20021226] 담배 한 모금, 커피 한 모금	019
[詩-20021228] 늦기 전에	021
[詩-20021229] 이천 이년의 끝자락	023
[詩-20021230] 너 여汝 보배 진珍	025
[詩-20021230] 새해 새 아침	028
[詩-20021230] 욥기 팔 장 칠 절에	030
[詩-20021231] 새해맞이 여행을 준비하며…	031
[詩-20021231] 카운트 다운	033
[詩-20030110] 생각이 생각을 낳고	035
[詩-20030308] 비 오는 날 창문가에	036
[詩-20030323] 결코 지울 수 없는 상처를 안고	038
[詩-20030619] 어느 시인은	045
[詩-20030717] 물안개	047
[詩-20030717] 토마토	049
[詩-20030718] 좋은 사람	051
[詩-20030725] 구름과 바다	053
[詩-20030725] 느낌	054
[詩-20030728] 진심眞心	056
[詩-20030728] 하늘빛[1]	058
[詩-20041120] 하늘빛[2]	060
[詩-20030729] 황비凰飛	062
[詩-20030804] 수선화水仙花	065

화상카메라에 비친 자화상 제2부

[詩-20030805] 블루	068
[詩-20031010] 콩콩이	070
[詩-20031017] 미소의 뜰	073
[詩-20040518] 전기電氣	075
[詩-20040530] 팽이	077
[詩-20040707] 굼벵이	079
[詩-20040727] 굼벵이도 구르는 재주가 있다	081
[詩-20040810] 화상 카메라에 비친 자화상	082
[詩-20040811] 디지털 카메라 사세요	084
[詩-20040814] 힘 겨루기	086
[詩-20041029] 빈 자리	087
[詩-20041104] 시를 쓰기위해 컴 앞에 다가서다	088
[詩-20041106] 가을은	089
[詩-20041106] 점點	090
[詩-20041111] 아해야 그렇게 새 날은 밝아온단다	091
[詩-20041112] 글 잘 쓰는 사람들에게	092
[詩-20041115] 길	094
[詩-20041116] 그대는 이 세상의 주인공	095
[詩-20041116] 친구親舊	096
[詩-20041116] 한밤중에 설탕이 떨어지다니	098
[詩-20041118] 변명辨明	099
[詩-20041118] 분명 내가 살아있음에랴	100
[詩-20041119] 자유인간自由人間	101
[詩-20041122] 기다림	102
[詩-20041204] 눈雪	103

차 례

자유인自由人 제3부

[詩-20041208]	하늘이시여, 이 죄인을 용서하소서	106
[詩-20041211]	12월을 보내며	109
[詩-20041212]	안호수, 정의로운 칼날이 되리라	111
[詩-20041227]	존재存在	114
[詩-20050107]	고드름	115
[詩-20050107]	아버지	116
[詩-20080815]	일본아, 도적근성 버려라	117
[詩-20090602]	해먹겠다	119
[詩-20090828]	몰운대沒雲臺	120
[詩-20090829]	몰운산沒雲山 비경秘境	122
[詩-20090829]	숲이 숲을 말하다	123
[詩-20090902]	눈 비 안개, 그리고 이슬	124
[詩-20090927]	친구親舊	125
[詩-20090928]	단풍丹楓	127
[詩-20090928]	편지便紙	128
[詩-20091010]	타임아일랜드	129
[詩-20091030]	칙폭 칙칙폭폭 칙칙폭폭	133
[詩-20091103]	글을 쓴다는 것은	136
[詩-20091110]	자유인自由人	138
[詩-20091117]	이 고요한 밤에	139
[詩-20091118]	꽃보다 더 아름다운 것이 사랑이거늘	140
[詩-20091119]	나는 오늘 전쟁터로 나간다	141
[詩-20091126]	늦가을엔	143
[詩-20091126]	행복한 미소	144
[詩-20091127]	숨바꼭질	145

골초도 원시인原始人이라네 제4부

[詩-20091206] 달맞이꽃	*150*
[詩-20091206] 어떤 투정	*151*
[詩-20091221] 크리스마스 이브	*153*
[詩-20091225] 메리 크리스마스	*154*
[詩-20091225] 위대한 자여, 영광 있으라	*156*
[詩-20091227] 하나님, 그 위대한 영광	*157*
[詩-20091227] 헤어짐의 미학美學	*159*
[詩-20091231] 또 한해를 보내며	*161*
[詩-20100108] 시詩라는 게 별건가	*162*
[詩-20100109] 눈물	*164*
[詩-20100110] 고양이猫	*165*
[詩-20100118] 빈 잔	*166*
[詩-20100119] 축배祝杯	*167*
[詩-20100122] 권태로운 오후	*168*
[詩-20100122] 부뚜막에는 부뚜막귀신이 있다	*169*
[詩-20100122] 황소	*171*
[詩-20100124] 골초도 원시인原始人이라네	*173*
[詩-20100125] 다대포, 그 겨울바다	*175*
[詩-20100125] 북소리는 태곳적부터 들려왔다	*176*
[詩-20100126] 해안海岸	*178*
[詩-20100127] 포플러 우듬지의 까치둥지	*180*
[詩-20100128] 가벼움, 그렇지만 결코 가볍지만은 않은	*182*
[詩-20100128] 회오리바람	*184*
[詩-20100128] 흔들리는 하루	*186*
[詩-20100915] 더 라스트미션	*188*

제1부

생각이 생각을 낳고

탈피 脫皮

철부지적 한땐
세상이 오로지 나 때문에 존재하는 듯했지
그 빛나는 태양하며
그 넓고 짙푸른 하늘하며
그 수많은 자연 속에 살아 숨 쉬는 생명체하며
그런 세상 모두가
오로지 나 하나 때문에 존재하는 듯했지

내겐 맞지도 않는 두꺼운 껍질 두르고
기나긴 세월 화려한 변신 꿈꾸며
죽은 듯이 살아왔지
세상이 나로 하여금
환희의 물결 속에 출렁이는
부질없는 꿈만 꾸다
속절없이 스스로의 올가미에 걸려들었지

홀로 한 긴 어둠의 세월
눈부신 저 밖이 낯설기만 한데
단단한 껍질에 갇혀 가쁜 숨만 고르더니
홀로 나서기가 이다지도 두려운 것인지
껍질 깨기가 머릿가죽 벗기는 고통일지라도

석화된 사지를 농락하여
온몸 구석구석 절개하는 고통일지라도

빛 속으로 세상 속으로
시린 홑 껍질 움츠리며 홀로 떨고 있는 것인지
부대끼는 숱한 냉소 씻기지 않는 치욕일지니
온기라고는 내 안에 흐르는 뜨거운 눈물뿐인지
두고 온 껍질 마냥 아쉬워
지금이라도 바스라질 것만 같은 내가
저 차가운 시선보다 더 낯설기만 한 것인지.

2002/12/22/19:50

12월을 보내며

해마다 되풀이 되는
봄
여름
가을
겨울……

봄이 지나면 여름이 오고
여름이 지나면 가을이 오고
가을이 지나면 겨울이 오고……
그렇게 사계절 쳇바퀴 돌듯 되풀이 되고
한 바퀴 돌 때마다 일 년이 지난다

1년의 시작은
봄일까?
겨울일까?
물론, 봄이라 말할테지

해마다 되풀이 되는
1월
2월
3월

4월
5월
6월……
그리고
7월
8월
9월
10월
11월
12월

1월 다음엔 2월이 오고
2월 다음엔 3월이 오고
3월 다음엔 4월이 오고
4월 다음엔 5월이 오고
5월 다음엔 6월이 오고
6월 다음엔 7월이 오고……
그리고
7월 다음엔 8월이 오고
8월 다음엔 9월이 오고
9월 다음엔 10월이 오고
10월 다음엔 11월이 오고
11월 다음엔 12월이 오고……
그렇게 열두 달 쳇바퀴 돌듯 되풀이 되고
한 바퀴 돌 때마다 일 년이 지난다

1년의 시작은
1월일까?
12월일까?
물론, 1월이라 말할테지

십이월은 일 년 열두 달 중
마지막 달이라 했다
그래서 열두 장 달력 한 장 한 장 뜯다보면
마지막 한 장 남을 때 보면 영락없는 12월이다

이 마지막 한 장 남은 12월 달력도
엑기스 다 빠져나간 낙엽처럼
알맹이 다 빠져나간 헛껍질처럼
금방이라도 낙하할듯 위태롭기만 하다.

2002/12/23/05:50

메리 크리스마스

크리스마스 날
서로가 주고받는 인사는
메리 크리스마스!

지저스 크라이스트를
믿든 안 믿든
메리 크리스마스!

서로에 대한 사랑을 확인하는
크리스마스 카드에서도
메리 크리스마스!

감사하는 마음을 전달하고자하는
선물상자 안에도
메리 크리스마스!

흥청이는 거리에서도
삼삼오오 사람들의 옷깃에서도
메리 크리스마스!

메리 크리스마스가
메리 크리스마스를 독촉하니
메리 크리스마스!

크리스마스 날
역시 서로가 주고받는 인사로는 단연
메리 크리스마스!

2002/12/25/17:04

담배 한 모금, 커피 한 모금

글을 쓰다보면
유난히 담배가 땡긴다
무의식적으로 피워대는 담배가
재떨이마다 소복하다
모락모락 피어오르는 담배연기
마치 시골집 굴뚝연기와 같다
빨아들일 때만 붉게 번지는 불길이
초조하기까지 하다
입에 문 담배 의식 못하고
자판 뚜드리다보면
어느새 자판에 떨궈진 담뱃재가
마냥 성가시다
간간이 막힌 생각의 봇물 터뜨리려
길게 내뿜는 담배연기
사색의 골똘함이
환형環形 이루며 퍼져나간다
긴 망상 속에
담뱃불 꺼진지 오랜데
찾는 라이터는 보이질 않는다

앙증맞은 스탠 주전자 언제 끓었던지
주둥이에선 김이 폭폭 스며나온다
프림 세 스푼에 설탕 네 스푼
거기에 커피 두 스푼
주둥이가 넓적하고 투박해보이는
사기질 머그잔
커피향 은은히 퍼질 즈음
담배 한 모금과 함께 커피 한 모금
갈색 커피 속에 묻어나는 상념들
잊혔던 기억의 편린들
그리움……
사랑……
그리고 배반과 증오……
자판을 열심히 뚜드리다보면
머그잔은 멀찌감치 밀쳐져 있다
어느새 싸늘히 식은 커피는
정 떨어진 여인네처럼 낯설어지고
마지막 남은 커피 한 모금은
달디단 수액처럼
목젖을 적신다
가벼운 진저리를 남기고…….

2002/12/26/22:11

늦기 전에

김추자가 불렀던가
늦기 전에 빨리 돌아와 달라고……
늦기 전에
늦기 전에
늦기 전에
늦기 전에……

그래
늦기 전에 빨리 돌아와 달라고……

선풍기처럼 생긴 전기난로는
쬐이는 부분만 뜨겁게 느껴지지
온 방을 덥히지는 못하지
이 선풍기처럼 생긴 전기난로 때문에
한때는 내 왼쪽 허벅다리에 불긋불긋 물집이 생겨나고
말라붙은 그 딱정이가 꽤나 오랜 흔적으로 남았었지

사방이 썰렁하고 적막하기만 한 이 방안에 홀로 갇혀
갑자기 '늦기 전에 빨리 돌아와 달라'던 김추자 생각이
왜 났을까

늦기 전에
늦기 전에
늦기 전에
늦기 전에……

왜 항상 '늦기 전에'라고 외쳐 대면서도
항상 꾸무럭대고만 있어야 되는 건지……
왜 시간이란 것은 누가 뭐라고 재촉하는 이도 없는데
저 홀로 앞서거니 뒤서거니 저 만큼 경쟁하듯 달려가는
것인지……

늦기 전에
빨리 돌아와 달라고…….

2002/12/28/21:37

이천 이년의 끝자락

오늘 이천 이년 십이월 이십구일 저물어 가는 이 밤에 나는 컴퓨터를 마주보고 앉아 이천 이년의 끝자락을 어찌 마무리 해야할지 실로 망연해 하고 있다 이미 지나간 이천 이년의 일 년간이란 세월이 내 일생 중 차지하는 비중이 얼마만한 것인가를 어림하면서 속절없이 흘려버린 세월을 굳이 탓하려하지는 않는다

이것저것 수많은 글들을 써 오다가 어느 날 깊은 수렁 속에 빠져들어 갔었으며 반년 여, 기나 긴 시간을 무력함이란 족쇄로 자신의 수족을 굳게 채워버렸던 암울한 순간들을 떠올린다 이천 이년의 끝자락 더 이상 잃을 것이 없는 나에겐 미련을 둘 것도 아쉬울 것도 없어라

슬펐었노라
기뻤었노라
사랑했었노라
증오했었노라
희로애락의 감정은 무디어 질대로 무디어 진 내 가슴속에 더 이상 공명되지 않는 공허한 메아리일 뿐이다

시詩 천 편의 의미가 퇴색될 즈음 다시 글쓰기 장정長程에 오르고 자신의 거듭 남을 확인하였으며 남은 일생을 오로지 글쓰기에 바칠 것을 자신을 걸고 맹서하기에 이르렀으니 옹이 진 나무야 비록 땔감으로 밖엔 그 용도가 없으나 그 옹이야 말로 새 줄기를 잉태시키기 위한 그루터기, 처연히 뼈 깎는 산고를 겪은 찬란한 예술인 것을 내 어찌 알았으랴

이천 이년의 끝자락에 서서 새로 맞을 이천 삼년을 바라본다 이천 삼년은 그 일 년 간 내게 과연 무엇을 보여줄 것인지 그 이천 삼년의 끝자락에 섰을 때 내게 과연 무슨 의미로 남겠는지…… 지나간 이천 이년을 분연히 떨쳐 내고자 한다 내겐 더할 나위 없었던 오만한 이천 이년을…….

2002/12/29/23:12

너 여汝 보배 진珍

1

아가야!
나로 말미암아 세상의 문 연 너는
분명 소담하고 하얀 빛이 더욱 눈부신
한 떨기 목련이었다

삼라만상 긴 겨울잠에서 벗어나
부지런히 제 모습 갖추려 기지개 켤 즈음
한 줌 미풍처럼
내게 소리 없이 다가와
그 우윳빛 미소로 나를 대했지

달덩이 같은 해맑은 얼굴
파르르르 여린 두 뺨
투명한 눈빛 진주 같기만 하고
비릿한 해초 내음 아득하기만 하였다

하늘엔 예나 다름없이
흰 구름 두둥실 떠다니고
햇살은 유난히 눈부시었다

2

아가야!
슬픈 사슴의 눈망울로
하염없이 나를 바라보던 네 시선 너머로
무엇이 보였을까?

네가 세상에 나와
낯선 세상 처음 대하며
그때 들려 준 너의 나지막한 옹알이 소리는
'나도 이유 있이 세상을 살겠노라'는
'나도 세상을 사는 것 같이 살겠노라'는
나를 향한 다짐이 아니었겠니?

거친 비바람 속에
거친 눈보라 속에
오랜 담금의 세월 흐른들
오랜 억겁의 세월 흐른들
너 영원히 꺾이지 말아라
너 영원히 시들지 말아라

너 여진이

너 나의 피와 살 물려받았을 진대

너 오로지 내 생명 잇게 하는 촛불인 것을……

너 그로 말미암은 영원한 나의 보배인 것을…….

— 사랑하는 나의 딸 '여진'을 그리워하며 —

2002/12/30/02:12

새해 새 아침

눈 덮인 세상
한 없이 고요하고 평화롭기만 한데
아직 기침起枕하지 않은 아이들
웃음소리가 들리는듯 하구나

희끄므레한 산등성이
어스레한 밝음 점점 더하고
부산한 까치들만 일어나라 일어나라
새해 새 아침 깨우는 듯 하구나

나지막한 구릉 끼고
폭폭폭폭 피어오르는 굴뚝 연기
분명 어머니가 정성 담긴 떡국 끓이노라
가마솥 지피는 장작 타는 연기일 테고

둥두렷이 둥두렷이
마침내 고개 들어 새 세상 밝히는 저 햇님 좀 보소

복 받으라 복 받으라 따사로운 햇살 고루 비추니
새해 새 아침 맞는 세상 더 없는 축복으로 가득 찼구나

새해 복 많이 받으시옵소서!

2002/12/30/22:32

욥기 팔 장 칠 절에

세상 사람들아
하찮고 작은 출발이라 하여 비웃지 마라
비록 '오르지 못할 나무 쳐다보지도 말라' 하였으나
부단하게 쌓아 가다 보면 언젠가는 하늘에 그 뜻이 닿으리라

욥기 팔 장 칠 절에
'네 시작은 미약하였으나 네 나중은 심히 창대하리라'
하였거늘
무화과나무의 미세한 씨앗 한 알이
항차 하늘 찌를 듯한 거목으로 성장함을 일컬었음에랴.

2002/12/30/00:12

새해맞이 여행을 준비하며...

오늘,
이천 이년 십이월 삼십일일
새해맞이 여행 떠날 준비 한다
두툼한 옷가지와
디지털 카메라에 노트북
벌써 가방만 여섯 개

오늘 밤 열두시
새해 첫날 영시 영분에
나는 어디에서 누구와 함께 할 것인가?
경부고속도로로 차를 몰아 추풍령에 이르면
새해 첫 떠오르는 태양 볼 수 있으려나?

천안으로 해서 온양 이르면
이 땅에 가장 오래되었다는 온양온천에서
오십도 씨50℃ 페하pH 구쩜 영9.0의 알칼리성 단순천單純泉에
몸을 담그고
삽교천에 다다르면
머나먼 추억 여행이 시작되겠지
상하리충남 예산군 삽교에서 덕산읍으로 가는 중간 지점에 위치한 농촌지역 그 길이 잊혀지지 않았다면

급히 갈 것 없다해도
새해 첫날 뉘엿해질 무렵이면 당도하려니

새해가 밝아오는
이 첫날 밤을
이 밤을 꼬박 지새우리라.

2002/12/31/20:02

카운트다운

십
구
팔
칠
육
오
사
삼
이
일
제로!

아!
제로의 순간
2002와 2003이
자리를 맞바꾸겠지?
2002는 역사의 뒤안길로 영원히 사라질테고
2003은 마치 새 주인인양 뻑적지근하게 앞으로 처억 나설테고……
김대중이가 물러나고 노무현이가 나서듯이 말이다.

시간이란 것은
예나 지금이나
흐르듯 멈춰 있고 멈춰 있듯 흐르는데
왜 굳이 시간을 칸칸이 토막 내며 가르려드는지 알 수가 없지

어쨌든 제로를 맞는 순간
나는 어디에 있어야 하는가?
나는 누구와 함께 있어야 하는가?
나는 무엇을 하며 있어야 하는가?

2002/12/31/00:54

생각이 생각을 낳고

때론
아무것도 의식하기가 싫지

가사 상태에 빠져
오직 수를 헤아리고 있지

육신의 마디마다
제 살 길 궁리만 하고 있지

지금
어디쯤 가고 있는 것일까?

앞으로
얼마나 더 갈 수 있는 것일까?

끊임없이 되풀이되는
질문과 질문

두 자리 수
더하기 빼기 곱하기 나누기

생각이 생각을 낳고
혼돈이 혼돈을 낳고…….

2003/01/10/23:12

비 오는 날 창문가에

비 오는 날
창문가에 비스듬히 기대어
귀 기울인다
습기 먹은 빗소리
질척이는 부산한 움직임
모든 것이 낯설어
진저리 친다

떨어지는 빗방울들
하나 둘 셋……
그리고 이내 머리를 젓는다
왜 헤아리는 것에 의미가 없을까?

창문틀에 턱 괴고
뿌연 입김으로 캔버스 펼쳐
뜻 모를 글 쓰고
알 수 없는 형체 그리고
생각을 되새김하길……

더 이상 사색의 진전 없이
가슴 저변은 공허할 뿐인데

반투명한 유리벽에 갇혔단 생각에
까닭모를 분노가 왜 치솟을까?

이 끈적거리는 습기가
영원히 걷히지 않을 것 같이 느껴질 때
차라리 은빛 비늘 가진 좀벌레 되어
스멀거리며 바닥과 틈새 기는 것이 나으리란 생각이…….

2003/03/08

결코 지울 수 없는 상처를 안고

1

너, 형통할 형亨 별 규奎
처음엔 뽀얗고 허여멀건 한 네 얼굴이
휘영청 밝은 보름 달덩이처럼
볼 때마다 가슴 설레었지

티 없이 맑은 천사 같은 얼굴
헤벌쭉 웃음 지을 때마다
그것이 곧 행복인 줄 깨달았지

유난히 잦은 경기에
까부라진 너를 부둥켜안고
허둥대기를 몇 번이었던가

너, 댓살 채 안될 때
걸핏하면 게워놓은 토사물속에
난, 그 보름달 같은 네 얼굴을
마구마구 쑤셔 넣었지

결코 지워질 수 없을 것 같은
커다란 상처가
내 속에 자리하고 있다

아들아
네 속에도
그때 생긴 상처가 자리하고 있니?

2

너, 형통할 형亨 별 규奎
네가 세상에 나온 것이
축복이었을까?
아님, 고통이었을까?

세상이 너무 험하여
너 역시 살아가노라면
기쁨보다도
행복보다도
만족보다도
숱한 고난과 좌절이 올 것을

욕심 없이 살기엔
세상이 너무 삭막하겠기에
너를 있게 한 내가
내가 너무 밉기만 하다

너, 예닐곱이 채 안될 때
너의 작은 고집에
너의 작은 투정에
너그럽지 못하여
늘 옆에 끼고 아끼던 장난감
그 소방사다리차
나, 발굽으로 짓이겨 놓고
얼마나 후회했었던가

결코 지워질 수 없을 것 같은
커다란 상처가
내 속에 자리하고 있다

아들아
네 속에도
그때 생긴 상처가 자리하고 있니?

3

너, 형통할 형亨 별 규奎
그래도 세상은
한번쯤 살아 볼만하지 않겠니?

짙푸른 하늘엔 흰 구름이 떠가고
대지엔 형형색색의 꽃들과 초목이 어우러져
세상이 퍽이나 아름다움에
수억만 생명체가
각기 다른 형상과 개성을 갖고
무엇 하나 헛되이 창조되지 않았듯이
자연과 오묘히 조화됨에

기쁨 행복 만족
온갖 추악함 속에서도
가치 있는 것들이 빛나고 있음에

너, 열 예닐곱이 채 안될 때
채 피우지 못한 너의 열정을
채 성숙치 못한 너의 재능을
내, 좀 더 기다리지 못하고

－ 넌, 바보 천치야
　　　－ 넌, 열등의식이 많은 비굴한 놈이야
　　　　－ 넌, 따라지야
막말을 서슴지 않았지

결코 지워질 수 없을 것 같은
커다란 상처가
내 속에 자리하고 있다

아들아
네 속에도
그때 생긴 상처가 자리하고 있니?

4

너, 형통할 형亨 별 규奎

아들아!
세상을 슬기롭게 살아라

아들아!

결코 비굴하지 말고
담대하게 살아라

아들아!
결코 야합하지 말고
정의롭게 살아라

아들아!
결코 좌절하지 말고
늘 용기를 가져라

아들아!
결코 욕심내지 말고
만족하며 살아라
아들아!
결코 초조하지 말고
느긋하게 살아라

아들아!
세상을 그리만 산다면
세상은 그런대로 살맛이 있을 거다

5

너, 형통할 형亨 별 규奎
너, 나의 피와 살을 물려받았지
너, 나를 다음 세대로 잇게 하는 생명인 것을
너, 그로 말미암은 영원한 나의 보배인 것을……

나, 죽는 그 순간까지
너를 위해 기도해 주마
너의 기쁨을 위해서
너의 행복을 위해서
너의 만족을 위해서…….

– 사랑하는 나의 아들 형규를 그리워하며 –

2003/03/23/01:25

어느 시인은

어느 시인은
반 평 냄새나는 어둔 골방에서
어둠자락 이불삼아
상념에 몰입한다

어느 시인은
허기진 뱃구레 달래기 위해
말라붙은 양은냄비
달그락거린다

어느 시인은
커다란 재떨이 그득 쌓인
필터만 남은 담배꽁초들
그래도 일일이 점검한다

어느 시인은
삼백육십오일 한결같이 종일 누워만 있기에
굳어버린 등허리 펴기 위한
허리 굽혀 펴기 몇 번인가 한다

어느 시인은
시간과 공간의 개념 잊은 지 오래다
졸리면 자고
깨어나면 또 상념에 잠기고
반 평 공간 안에 그의 모든 것이 다 담겨있어
더 이상 바쁠 것 없다.

2003/06/19/18:26

물안개

아득히 들려오는 뱃고동
고향의 소리
문득
고향집 굴뚝 연기처럼
그리움이 피어오른다

너무나 안타까운
손에 닿을 듯
잡히지 않는
그리움
그리움
그리움

아스라한 기억너머
빛바랜 그리움
물안개 따라 피어오르며
숱한 그리움
그 재잘거림이
귓가에 너울지네

저 멀리
손짓하는 이가 있어
행여 그리운 님인가
설레는 맘
한달음 달려갔지만
그것은 흩어지는 잔영殘影이었네.

2003/07/17/14:06

토마토

빠알갛게
농익어 금방이라도 터질 듯한
그대
수줍음

윤기를 촉촉이 머금은
물방울이라도 스칠라치면 또르르르
그대
새침떼기

얇은 피막이 여린 속살 감추고
금방이라도 '아야' 하며
그대 깊은 눈속
눈물방울 맺힐 듯

보드랍고 섬세한 속살
한입 그득 베어 물면
단물은 그대 사랑
풋향은 그대 그리움

푸릇한 베일에 싸인
황금빛 알알이
작은 밀어密語의 속삭임 양
혀끝을 농간하고

그대
어느덧
나와
하나의 꿈을 함께 꾼다.

2003/07/17/14:06

좋은 사람

세상엔
어두운 밤하늘 별만큼이나
바닷가 백사장 모래만큼이나
수많은 사람들 뒤엉켜
살고 있지만

세상엔
수억만 사람들이
수억만 빛깔들을 지니고
수억만 인연들 쌓아가며
살고 있지만

세상 사람들 모두가
무한대 공간 중 한 점 무대 위에서
영겁의 시간 중 찰나를 살다가네
세상 사람들 모두가
이 세상 부귀영화가 한낱 꿈일지라도
그 꿈 좇아 한 점 무대 위를 흐르고 있네
그 꿈 좇아 찰나의 시간마저 허비하고 있네

기쁨도
노여움도
슬픔도
즐거움도
한낱 허상이건만
세상 사람들
허상 좇아
가쁜 숨 몰아쉬며
이리 뛰고 저리 뛰네

사람들아
사람들을 사랑하라
사람들이 있기에
사람인 것을 자랑스레 여겨라

사람으로 태어나
사람 속에 살다가
사람 속으로 돌아가는 것이니
사람을 사랑하는 그대는
진정 좋은 사람인 것을…….

2003/07/18/20:06

구름과 바다

하늘 맞닿은 저 머나먼 끝
투명한 물빛 가르고
하얀 설렘이 뭉게뭉게 피어오른다

가없는 그 끝자락에 걸린
피안彼岸으로 향하는 팔랑이는 사다리
녹색 그리움이 어서 오라 손짓한다.

2003/07/25/21:06

느낌

그래
바로 이 느낌이야

아득한 그 옛날
내가 그토록 사랑했었던
그녀에게선
살풋한 복숭아향이 풍겨났었지

눈이 시리도록
그녀를 훔쳐보았고
가슴 저리도록
그녀를 갈망했건만

마음속 깊이
수없이 되뇌던
사랑한다는 그 한마디
끝내 고백 못하고
차마 떨어지지 않는 발걸음
돌려야 했었지

그래
바로 그 느낌이야

아득한 그 옛날
내가 그토록 사랑했었던
그녀에게선
휘황한 광채가 눈부셨었지.

2003/07/25/21:45

진심 眞心

그대
세상이 온통 흙탕물일지라도
사랑하는 사람에겐
거짓을 고하지 말라

그대
세상의 한낱 부귀영화에 현혹될지라도
사랑하는 사람에겐
가슴으로만 대하라

그대가
사랑하는 사람에게마저
거짓과 허세로 치장하는 순간
세상은 그대에게
빈틈없는 두터운 벽이 될 것이고
한번 눈 밖에 나면
그대 아무리 진실을 고할지라도
허공 향한 울부짖음에 불과할지니
그대 진심을 전할 사랑하는 사람마저 없다면
삶은 곧 죽음과도 같을 것이다

그대
사랑하는 사람에겐
그대 속마음 그대로 드러내 보이라
그대 순수 그대로 드러내 보이라.

2003/07/28/16:02

하늘빛 [1]

세상에는 아름다운 빛들이 많더라
세상의 수많은 빛 가운데
그중 당신 닮은 하늘빛만큼
아름다운 빛도 없더라

세상 그 모든 것이
한꺼번에 빨려 들어갈 듯
그 심연을 알 수 없는
절대적 靑,
한 점 얼룩마저 허용 않겠다는 도도함과
차디찬 냉소를 머금은
코발트블루여!

눈부신 순수함이
짙푸른 캔버스에
흰빛 파스텔화로 피어오르면
문득
나는 하늘 나그네 되어
그 끝닿은 곳으로
닿을 수 없는 그대 찾아 떠나게 되리라.

* * *

핏빛 저녁노을
영혼을 불태우는 황홀함이 있기에
순간 스러져 가는 안타까움을 조려가며
이렇듯 바라보고 있노라

마지막 순간까지
광염狂炎을 사르고 지는 저 석양이
그대의 심장인 것을
차라리 긴 한숨 토해내며
머잖아 다가올 암흑의
포근함을 만끽하리라

아름다운 당신을 닮은
하늘빛을 위하여······.

2003/07/28/20:02

하늘빛 [2]

간절한 그대, 마음 전할 길 없어
끝내 잠 못 이루고
긴 밤 하얗게 지새운
진정, 하늘빛 닮은 그대여

흐르는 눈물 손등으로 닦아내며
끝내 위로 받을 길 없어
애써 눈물 참아야 했던
진정, 하늘빛 닮은 그대여

그대,
저 높은 하늘로 그대 꿈을 띄어보오
그대,
저 너른 하늘로 그대 눈물 뿌려보오

내,
세상 온갖 빛들 가운데
가장 사랑하는 빛이 있나니
바로 하늘빛이어라

하늘빛,
그 심원深遠한 텃밭에
사랑 그리움 애증
내 안의 그늘진 욕망 이제 묻고 가노라.

2004/11/20/11:37

황비凰飛

1

태초에
하늘이 열리고
대해와 대지가 어울러 배수진 치던 날
우주를 주재하는 영靈이 있어
억조 만물 창조하시고
한 영웅 세우시더라

기개는 칼끝 같아
하늘을 찌르고
웅지는 태산 같아
가늠할 수 없도다

대지는 광활하여 그 끝닿는데 없고
전사들 말발굽 소리 노도와 같도다
도도한 강물 협곡을 가로질러 거칠 것 없고
영웅의 기상 감히 대적할 자 없도다

2

허황된 간웅들 창궐하여
천지를 농간하고
교활한 무리들 단합하여
이치를 절단 내고
비열한 족속들 웅거하여
순리를 역행한다

기개氣槪는 차디찬 서릿발에 누이고
웅지雄志는 천애天涯에 바스러져 흐트러지고
영웅의 기상氣像은 어디로 갔는가

반만년 긴 세월
용솟음치는 기상 꺾고
혈육 파쇄破碎 되는 통절慟絶 씹으며
인고忍苦의 틀 속에 갇혔었노라

3

머잖아
하늘이 찢기고
대지가 뒤틀리는
천지개벽하는 날이 오면
새로운 영웅 우리 앞에 서리니
온 세상 억조 만물 지배하게 되리라

천군만마의 기상
절대적 위엄,
우주를 포용하는 심대함

이름 하여
鳳飛라 하리라.

2003/07/29/20:02

수선화 水仙花

물속에 투영된 자신의 그림자가 너무 아름다워
자신을 끔찍이 사랑했었던 나르시소스
기어이 꽃망울 터뜨리지도 못하고 산화해버린
그 슬픈 전설만큼이나 처절한 아름다움이여

눈부시게 빛나는 백색 화관
황금빛 찬란한 초롱 지녔어도
수줍은 모습 처녀를 닮았구나

진실은 저 멀리 떠도는 구름과 같고
정의는 머잖아 사라질 허황한 무지개 같은 것
세상에 오로지 변치 않을 것이 있다면 애틋한 사랑이리라
그대 가슴 저리게 하는 처절한 사랑이리라.

2003/08/04/00:56

제2부
화상카메라에 비친 자화상

블루

세상엔 수많은 색깔들이
제각기 시선들을 끌려고
독특한 빛깔들을 발하고 있지
블루
그중 블루는
가장 이상적인 색깔이라네

저 짙푸른 하늘도
저 망망대해도
멀리 떠나고픈 충동과
막연한 동경을 불러일으키는
블루라네
우주에서 바라 본
한 톨의 지구도
블루이기에
세상의 색깔 중에 으뜸은
블루라네

사람들아
블루를 사랑하라
젊음은 블루로부터 샘솟고

이상은 블루로부터 충동이고
희망도 블루로부터 발원한다

사람들아
블루를 사랑하라
블루는 생명의 근원이요
블루는 사랑의 원천이요
블루는 가치의 기준이다

사람들아
블루를 사랑하라
오로지 그 빛깔이 있기에
우리가 존재할 수 있음을…….

2003/08/05/15:08

콩콩이

콩콩이는 사람이 아니란다
콩콩이는 사물도 아니란다
콩콩이는 어느 날 문득 내게 던져진 자그마한 생명체
태어난 지 이 주일 갓 지난 잡종견 땅강아지란다
콩콩이는 데려온 첫날부터
제 어미나 제 남매들을 까맣게 잊고
오로지 나만 졸졸 따랐단다

흰 털과 검은 털이 반반씩 섞인
검은 얼굴에 검은 눈동자가 반짝이는
흰 주둥이에 검정 코가 앙증맞은 암캉아지란다
그녀가 내게 온지 한 달 지났단다
주먹만 하던 놈이 어느새 한손으로 들기엔 묵직하단다
누군가가 우스갯소리 한답시고 말했단다
     - 일인분짜리가 이제 삼인분짜리가 되었구나

개를 유난히 좋아하여
시츄 세 마리를 방안에서 함께 뒹굴며 키우는 누나가
상기된 얼굴로 몇 번씩인가 거듭해서 말했단다

　　　　- 내게 행복감과 사는 즐거움을 주는 것은 유일하게
　　　　　요놈들뿐이란다
개는 사람보다 낫단다
조그만 베풂에도 고마워할 줄 알고
끝까지 주인에게 등 돌리지 않는단다

그녀가 장소를 가리지 않고
싸질러놓는 똥오줌으로 하루가 분주하지만
그녀가 그 날카로운 이빨과 발톱으로 물어뜯고 긁어대어
방석이며 소파며 남아나질 않지만
그녀가 수시로 달려들어
할퀴고 물어 양 팔뚝 손발은 상처투성이지만
그녀가 우유에 사료 섞은 것은
거들떠보지도 않고 내 음식 죄다 뺏어먹지만
그녀가 잠시라도
가만있질 못하여 내 하는 일을 짓궂게 방해하지만
그녀가 내게 주는 기쁨과 웃음은
내가 지닌 모든 것들보다 더 가치 있는 것이란다

오늘도 누군가가 말했단다
　　　　- 지금부터 목줄매어 길을 들여야 하지 않겠는가?
다 자라봐야 여전히 땅개인 것을
갇혀있는 공간에서 속박해가며 억지로 길들이지는 않으리니

사람보다 나은 그녀를 개보다 못한 사람인 내가
그녀의 평생을 시중든다한들 밑질 것은 없으리니
결코 밑질 것은 없으리니…….

2003/10/10/18:18

미소의 뜰

거기엔
자그마한 둥근 연못이 있고
둘레엔 앙증맞은 흰빛의자들이 가지런하고
잘 다듬어 놓은 금빛정원엔
이름 모를 꽃들이 흐드러지고
그 꽃 주위엔 수많은 벌과 나비들이 화려한 군무를 추고
햇살이 유난히 따사로운 양지엔
비눗방울 터뜨리듯 자지러진 미소가 피어오른다

그곳엔 무슨 좋은 일들이 그리 많을까?
세상이 눈부시다는 것을 알고 있음일까?

공기가 서늘하다
하늘이 청명하다
삼라만상이 웃고 있다
정겨운 얼굴들이 해맑아 보인다

사랑이 있기에
행복이 있기에

미소가 쉼 없이 솟구치나 보다.
그 작은 뜰에서도…….

2003/10/17/14:51

전기 電氣

태초에
산천을 요동치랴 크게 꾸짖듯 포효하는 목소리로
번뜩이는 칼을 휘둘러 하늘 장막을 갈가리 찢는 위용을 자랑하였으니
아~ 뇌성벽력!
삼라만상은 세상의 종말이 다가왔노라
서로 부둥켜안고 심히 떨었도다

천지만물
그 끝닿는 데 없는 우주조차도
양陽과 음陰의 조화일진대
양과 음이 영겁을 윤회하며 그 기를 발산하는도다

오로지 위대한 권능 앞에
모든 것이 스스로 초라해 지고
모든 것이 스스로 겸손해 지니
짐짓 그로 말미암아 새로운 생명이 잉태되는도다

어둠으로부터 밝음을 주시어 무지함을 지혜롭게 하시고
멈춰있는 것을 나아가게 하시어 억압됨을 자유롭게 하시며
닫혀있는 세계를 열어 주시어 그 무한한 가능성을 일깨워 주

셨도다

뉘라서 가공할 이 위대한 권능에
감히 어리석도록 자만한 인간만이 도전하였도다
이제
산천을 후려치는 소리와
하늘을 난도하는 칼을 움켜쥔 인간이
스스로 삼라만상을 뒤흔들려 하는도다

태산을 움직이고 강줄기를 바꾸며
육지와 대양을 가름하길
영겁의 윤회마저 무색케 하는도다

태초에 존재하였으되
영영세세 또한 존재할 것이니
순간 머물다 갈 인간이 제 아무리 자만한들
부디 그 큰 권능으로 허물치 마옵소서.

경남 밀양시 삼랑진읍 안태리의 삼랑진양수발전소를 견학하며……

2004/05/18

팽이

팽이는 박달나무가 최고라 했지 단단하기로는
서슬 퍼런 낫으로도 좀처럼 깎이지 않아 몇 번인가
헛손질에 상처 자국만 남는 팽이 깎기에 온 종일
시간 가는 줄 모르고 둥근 가지
적당히 잘라내어 돌려가며 비스듬히 깎다 보면 고만고만한
시선들이 둘러앉아 하루해 짧은 줄 모르고 군침을 삼키지

팽이는 균형이 잘 잡혀야 잘 돈다고 했지 빙글빙글
돌려가며 눈으로 가늠해 보고 어느 쪽으로 둘러보아도
쪼매만 어긋나도 안 된다 했지 윗면은
평편하고 둥글게 파 들어간 옆면은 저 옆집 순실이 엉덩이처럼
살집이 도톰하니 보기도 좋아 고만고만한 손가락들이
다퉈가며 어루만지려 하지

팽이는 팽글팽글 멈춘 듯 돌아야 한다고 했지 밑 부리에
자전거 베어링에서 뽑아낸 작은 쇠구슬 박고 새색시인 양
알록달록 단장 끝내고 한 뼘 대나무 마디 잘라내어
가늘고 길게 여러 가닥으로 가죽 허리띠 갈라 매듭진 채찍으로
쉴 새 없이 어르고 달래야 고만고만한
탄성이 어우러지지

동네 아이들 식전부터 몰려들어 저마다
팽이를 돌려 대는데 팽팽 팽팽 팽글팽글 팽글팽글
잘만 돌아가지 임금이가 설 식모 살다
애 배 갖고 왜 돌아왔는지 깔깔이네 큰 아들네미 까목소에
왜 들어갔는지 팽이처럼 돌고 돌아봐야 알 수 있다고
오늘도 고만고만한 아이들이 지칠 줄 모르지.

2004/05/30/19:47

굼벵이

1

나, 굼벵이
땅속 깊은 곳에 틀어박혀 꼼짝 못하는, 그러나 생각은 많은
어미가 누군지 모른 채 나무껍질 속 알로 태어나
애벌레 되면 땅 밑으로 기어들지
개미에게 먹히고 두더지에게 먹히고, 이놈 저놈에게 먹히지

나무뿌리 수액 빨며 몇 년을 몇 년을, 참으로 오랜 세월
오로지 깜깜한 땅속 스스로 가둔 채
그렇게 번데기로 살아가는
빛이 아름답기로 이보다 더 안심일 순 없을 테니

2

아름답기론 빛이 있는 세상, 어둠 속에 자신을 속박하고
있음은 때를 기다릴 뿐이라고, 아직은 나
세상에 나설 때가 아니라는 것을
살아있으되 움직일 수 없으니 살아있는 것이 아니니

지룡자地龍子 스쳐가며, 안타깝게 여긴들
살아있으되 찍소리도 낼 수 없으니 살아있는 것이 아니니
귀뚜리 스쳐가며, 안타깝게 여긴들
때가 되면 하늘높이 솟구치며 세상을 굽어보게 되리
때가 되면 내 몸이 파이프오르간이 되어 세상을 진동케 하리니

3

어둠은 포근한 안식, 속박은 마지못한 체념
기다림은 끈질긴 생명
어둠이 있기에 찬란한 빛을 꿈 꿀 수 있으니
속박이 있기에 훨훨 자유로움을 꿈 꿀 수 있으니
기다림이 있기에 긴 세월 생명을 지닐 수 있으니

나, 굼벵이
생각이 너무 많아 긴 세월이 도무지 지겹지 않으니
흑단黑檀에 이슬로 새긴 영롱한 꿈들이 사라지지 않는 한
세상이 두렵지 않으니.

2004/07/07/13:50

굼벵이도 구르는 재주가 있다

생긴 것도 지독스레 못생겼다
뭘 하나 제대로 할 줄 아는 것도 없다
짜리몽땅한 키에 어기적 걷는 폼이란 휠 걸늙은 모습이다
넓적 데데한 코에 이빨도 들쭉날쭉 웃는 모습이
더욱 가관이다
배우지 못해 아는 것도 없고
도무지 수줍기만 하여 나서기도 꺼리지만
어쩌다 말 한마디 내뱉을라치면 으레 말끝을 흐리게
마련이다
손끝도 야무지지 못한 것이 손만 대면 일을 그르치기
예사이다

그런데 어느 날
무지막지한 강우량에 하수구가 터져나간 날
어럽쇼?
저 인간, 땅구뎅이 하나만큼은 디게 잘 파네?

2004/07/27

화상카메라에 비친 자화상

온갖 벌레들 쓸데없이 뱉어내는
모니터 깔고 앉아 머리 삐딱하게 모로 젖힌 채
화상카메라는 여전히 나의 속물근성 비웃듯
뱅뱅 도는 외눈으로 나를 쏘아보고 있다
어느덧 망각의 퇴적물속 화석화된 호기심 억제치 못해
사이버 쇼핑몰에서 이만삼천 원돈 주고 맞이한 녀석
몇 번인가 애꿎은 푼돈 쏟아 붓게 하더니 졸지에
제 역할의 조기 폐기처분에 대한 저항일까
탯줄은 이미 자궁으로부터 분리되어 그 생명력 잃었음에도
자꾸 나만 쫓는 녀석의 섬뜩한 눈빛 예사롭지 않다

시간을 나르던 회색 벌레들 겹겹이 따리 틀고
쌓다쌓다 못 쌓고 무너져 내린, 아! 자존自尊의 성城
그 흔적마저 무수한 벌레들의 행렬이 지나간 자리에
핏빛 열꽃 되어 점點 점點 점點……
뇌세포 녹아내린 구멍마다 그득 메운 벌레들
역한 곰팡내 뿜으며 스멀스멀 코로 입으로 눈으로 귀로
기웃거리고 벌레가 무섭기보다 녀석의 지켜봄이 무섭다

까맣게 굳어버린 시계視界 벗어날까 하여 활짝
열어젖힌 창문으로 몰려 들어오는 것은 그건 분명
바람이 아니라 녀석의 눈초리 닮은 이글이글한 불볕이다.

2004/08/10

디지털 카메라 사세요

'에스엘알'에서 큰 맘 먹고 산 600만 화소
'후지필름 에스원 프로'
줌렌즈 끼고 '이오륙 메모리 칩' 끼고 배터리 끼면
묵직한 중량감이 손끝을 파르르 떨게 하고, 번드레한
검은 몸피 가슴에 품고 품어본다, 그녀의 속살 같아

에스원 프로와 함께 '매킨토시 노트북, 파워북 지포'
내, 하늘의 구름인양 석양의 기러기인양 훨훨
세상 밖 나들이 반려로 맞았건만
매킨토시 노트북 낯귀신 물어가고, 이제
너마저 여의려 하는구나

세상일 머리로 셈하기 어렵고 가슴으로 풀 수도 없다지만
돈벌레 내뿜는 그 장승곡 가락에 맞춰
이리 뛰고 저리 뛰는 말 많은 중생아, 네 그늘 빌붙어 사는
삶 좀 밀렸기로 어찌 그리 쉽게 내몰려하느냐, 알몸으로 태어나
너 나 역시 걸친 것 모두 잠시 빌린 것뿐일 텐데

못 가진 게 굳이 죄라면 못 가진 게 굳이 흉이라면

내 맨몸으로 죽어 억겁 지옥 불을 인고하리라, 모든 것을
다 얻은 양 날뛰는 중생아, 너 또한 영겁 지옥 불을 면하려거든
너 죽어 네 안의 알맹이 들어내고, 대신 황금으로 그득 채워두렴
극락문지기 억수로 돈 밝힌다, 카더라.

2004/08/11

힘 겨루기

누군가 그랬다, 삼라만상의 균형은 힘겨루기에서 비롯된다고
노쇠한 것들은 팔팔한 것들에 의해 밀려나고
팔팔한 것들 역시 저거들끼리 밀고 밀리고
패한 것들은 절망스럽고 참혹하고 사라져야할 운명이라고
승한 것들은 희열에 들뜨고 영광스럽고 모든 것이
새로운 시작이라고, 이 상반된 갈림을 운명이라 하기엔
패자들은 피 토하는 절규로 승자들은 우쭐하는 도취로
누군가 그랬다, 삼라만상의 균형은 힘겨루기로 유지된다고

현명한 어버이는 자식이 안타깝다
세상이 온통 헤집고 나가야할 흙구덩이인 것을, 스스로
흙탕물을 뒤집어쓰고 닮은꼴을 흙구덩이 속에 처박아야
그를 딛고 하늘 향해 우뚝 설 수 있다는 것을
현명한 어버이는 자식이 눈물겹다
세상이 지옥이고 그 안의 모든 것들이 악귀인들
살아남으려면 필시 누군가의 영혼을 갉아야한다는 것을
그 또한 어떤 어버이의 눈물인 것을······.

— 2007년 계간 '시인과 육필' 봄/여름호 게재작

2004/08/14

빈 자리

없는 줄 뻔히 알면서도
님의 모습이 보이지나 않을까
자꾸만 눈길이 닿습니다

없는 줄 뻔히 알면서도
님의 음성이 들리지나 않을까
자꾸만 귀를 기울이게 됩니다

없는 줄 뻔히 알면서도
님의 체취가 남아 있지나 않을까
자꾸만 손길이 닿습니다

없는 줄 뻔히 알면서도
님이 안타까이 찾지나 않을까
자꾸만 마음이 쏠립니다

아,
님이시여!
한번만이라도 빈자리를 채워주소서.

2004/10/29/04:30

시를 쓰기위해 컴 앞에 다가서다

오늘도 은유는
시를 쓰기 위해 컴 앞에 다가선다
한글 2000 빈문서를 열어놓고
언어의 알갱이를 주워 모은다
가나다라마바사아 자차카타파하
무수한 언어를 붙이고 떼고 끼우고 맞추고

이 가을에
땅바닥에 무수히 나뒹구는 낙엽들을 주워 모아
노란색 갈색 붉은색 빨간색 밤색……
맛깔 있는 색 멋스러운 색 향기 나는 색……
색의 공통분모를 선별하여 모자이크 그림을 만든다

시란
언어의 연금술사가
언어의 알갱이와 낙엽들을 주워 모아 빚어 만든 감정의 덩어리다.

2004/11/04/23:10

가을은

가을은
숱한 벌레들의
생명을 갉는 소리와 더불어 찾아와
사각거리고

마지막 그 순간
미련을 떨치지 못한
생生의 잔존殘存

가을은
오롯이 맞는 생의 말로末路.

2004/11/06/14:38

점點

점은 또 하나의 우주宇宙

 그 안에도
생生이 있고
노老가 있고
병病이 있고
사死가 있다.

2004/11/06/16:28

아해야 그렇게 새 날은 밝아온단다

간밤 천둥 번개 맹렬히 울부짖고
천공天空에 구멍이 뻥 뚫리며 쏟아 붓는
장대비에 세상 것 모두 떠내려갔기로
새 날이 오면 어김없이 밝아온단다

간밤 거친 눈보라 노도처럼 밀려오고
주먹만한 우박雨雹 후두두둑 대지 내리치는
동빙한설凍氷寒雪에 세상 것 모두 휩쓸려갔기로
새 날이 오면 어김없이 밝아온단다

아해兒孩야
그렇게 새 날은 거듭 밝아오는 것이란다.

도적놈들이 판치는 세상에서…….

2004/11/11/08:23

글 잘 쓰는 사람들에게
– 글 잘 쓰는 무명작가들에게 바치는 詩

그대는
금방 거름되어 사라질
한 조각의 빵보다
한 공기의 밥보다 더 값진
영혼의 장구한 양식을 마련하는 사람이여!
육신을 먹일 양식이 피와 땀으로 일궜다면
그대, 영혼을 먹일 양식 위해 그대의 영혼을 깎았으리라

땀 한 방울 피 한 방울 흘리지 아니하고도
영혼의 부단한 담금질을 아니하고도
잘 먹고 포식하는 자들 또한 많으니
그들은 오로지 남이 흘린 피와 땀으로 살찌우고
남의 영혼을 갉아먹는 만족한 돼지일 뿐
진정 자신을 위해 준비해 놓는 게 아무것도 없다

무릇 노동이란 신선한 것
그대의 피와 땀으로 숱한 육신을 먹여 살리는 자여

그대의 영혼을 갉아 숱한 영혼을 먹여 살리는 자여
만족한 돼지들이 결코 얻을 수 없는
영원한 평안함을 얻게 되리라.

2004/11/12/01:30

길

길 안에 길이 있다
지금 나는 그 길을 걷고 있다

길 위에 길이 있다
지금 나는 그 길을 뛰고 있다

길과 길은 이어져 있다
지금 나는 숨 가쁘게 그 길을 달리고 있다

길은 무한궤도이다
지금 나는 영원을 향하여 그 궤도를 날고 있다.

인생은 길을 따라가는 과정이다.

2004/11/14/14:48

그대는 이 세상의 주인공

그대 눈을 감아보라
세상의 드넓음도 아름다움도 값진 그 모든 것들이
순간에 사라지지 않느뇨?

그대 귀를 닫아보라
세상의 온갖 아름다운 선율들 정겨운 소리들 그 모든 것들이
순간에 사라지지 않느뇨?

그대 오감을 닫아보라
세상의 온갖 맛이며 온갖 냄새며 온갖 감촉이며 그 온갖 것들이
순간에 사라지지 않느뇨?

진정 그대야말로 이 드넓은 세상에서 단 하나밖에 존재하지 않는 주인공,
그대가 사라지고 없을 세상은 그 이후로 존재하지 않으리라.

그대 모두가 이 세상에서 가장 존귀한 존재임을…….

2004/11/16/03:58

친구 親舊

더불어 공유하는 것들을 친구라 한다면
내게도 수많은 친구가 있다오
살아오면서 숱한 것들이 내 곁에 머물며
함께 공유하며 살맛을 주다가
어느 날 안개 흩어지듯 멀어져 간다오

마리라는 스피츠도 그리하였고
콩콩이란 바둑이도 그리하였고
영재니 학천이니 상범이니 하는 꼬추친구들
수동이니 창원이니 순배니 하는 학창친구들
10년 넘게 채웠었던 낡은 일기장도
에스 원 프로라는 디지털카메라도……

이미 떠나갔을지라도
언젠가는 떠날지라도
내겐 결코 잊을 수 없는 친구들이라오

오늘도 사이버에서 만나는 숱한 친구들
비록 한 때의 외로움을 함께 할지라도
영원히 내게 남을 친구들이라오.

2004/11/16/01:21

한밤중에 설탕이 떨어지다니

한밤중에 커피를 마시려는데 설탕이 떨어졌다
문화인은 의당 블랙커피를 마셔야한다지만
촌놈은 어딜 가나 다방커피만을 마셔야한다

커피 한 스푼에 프림 한 스푼, 그리고 설탕 세 스푼
커피의 종류는 맥스웰이든 맥심이든 따지지 않지만
설탕의 스푼 수는 엄격하게 따진다

    - 조금 달게 타주세요

달착지근한 커피 맛에 세상 살맛이 배어난다.

    한때는 다방커피만 하루 스무 잔 넘게 마셔온 은유가…….

2004/11/16/02:58

변명 辨明

그래, 이건 아니야
싸늘히 식어버린 얼음장 같은 그대여
식을 땐 식더라도 내 이 한 마디만은 꼭 들어주오
절대로 그대가 내 곁을 떠나게 할 수는 없어
나 그대 사랑하기를
내 영혼마저 바쳐 사랑하여 왔었노라는……

그래, 이건 아니야
한 발짝 다가서면 두 발짝 멀어지는 그대여
멀어지더라도 내 이 한 마디만은 꼭 들어주오
허공 향해 치켜 뜬 공허한 그대 눈동자
싸늘히 웃음기 걷은 그대 입술
그대, 내 영혼 바쳐 사랑하고 있노라는…….

2004/11/18/04:40

분명 내가 살아있음에랴

가위 눌려 벌떡 일어나니
시각은 삼경인 듯 사경인 듯 가늠할 수 없어도
창문에 드린 블라인드 부르르 떠는 소리
분명 내가 살아있음에랴
아, 개똥밭에 굴러도 이승이 좋다

흐름이 멈춰있는 무한대 질곡
육신은 녹아내리고 저 홀로 부유하는 영혼의 절규
철 잊고 덤벼드는 모기떼의 부대낌이 있어
분명 내가 살아있음에랴
아, 사지가 없어 몸통으로 긴들 이승이 좋다.

2004/11/18/04:40

자유인간 自由人間

만사가 귀찮으면 영화를 보거나 그도 아니면 자리 깔고 눕고
뭔가 내키면 글을 쓰거나 일하고
배가 그다지 고프지 않으면 종일이라도 굶고
배가 고프면 깨적깨적 처먹고……
스스로 자유인간이라 자처했다
그 무엇으로부터도 속박되지 아니하니 그리 생각할 수밖에……

그러나
그것 또한 큰 착각이다
세상일이란 내가 안 그렇다하여 안 그런 것이 아니다
자유인간이란
남들 눈에는 무책임한 인간이다
그리고 한심한 인간이다
그리고 무능력한 인간이다.

2004/11/19/05:07

기다림

사람이 홀로 나이 먹으면 그 먹은 나이숫자만큼
그만큼 하릴없이 누군가 기다려진다.
오마고 기별 없어도 만나서 반가울이 마냥 기다려진다
오늘은 내 기다리는 임 꼭 올세라 동 트지 않은 새벽
어둑한 거리가 내려다보이게 창문의 커튼을 활짝 열어놓는다

사람이 홀로 나이 먹으면 그 먹은 나이숫자만큼
그만큼 기다림으로 인해 가슴이 공허해진다
굳이 만나 반가울이 없는 이라도 공연히 기다려진다
창문 밖을 스칠 듯 지나가는 차량들의 낮은 질주음에도
하릴없이 촉각이 곤두세워진다.

2004/11/21/07:48

눈雪

태초의 신비여, 하늘의 전령이여!
묵직이 드리워진 하늘 장막 가로질러
마냥 자유분방하게 나풀거리는 雪舞

귀를 기울여 보라, 들리지 않니?
눈송이들 두런거리는 소리가……
왁자지껄하는 소리가……

천 가지 죄악 만 가지 참상 얼룩진 속세
뭇 허물 순백으로 가리시고
모난 것들 둥글게 하시고

눈부신 눈밭에 잠긴 만상의 고요
점점이 까치가 날면
괜히 오마지 않는 손이 기다려지네.

2004/12/04/13:13

제3부

자유인 自由人

하늘이시여, 이 죄인을 용서하소서

하늘이시여
나 오늘 그대 앞에 두 손 모아 무릎 꿇고
지난날 나의 거짓 삶을 진실로 고백하나이다
애써 겸손을 가장한 나의 교만함을
애써 지혜를 가장한 나의 우둔함을
애써 슬기를 가장한 나의 교활함을
애써 사랑을 가장한 나의 가증함을
애써 포용을 가장한 나의 편협함을
애써 관용을 가장한 나의 음흉함을
애써 용기를 가장한 나의 비열함을
애써 청빈을 가장한 나의 게걸스러움을
애써 강건함을 가장한 나의 나약함을
이렇듯 거짓으로 나 자신을 속여 왔고
이렇듯 거짓으로 사랑하는 이들을 속여 왔고
이렇듯 거짓으로 세상을 속여 왔나이다

하늘이시여
나 이제 그대 하늘 향해 한 점 부끄럼 없기를
두 손 모아 속죄하나이다
나 이제 그대 하늘 향해 거짓 삶을 낱낱이 고백하여
무릎 꿇고 참회하나이다

내 눈물을 뿌려 나의 죄과를 씻기시고
내 피를 뿌려 사랑하는 이들을 보살피시고
내 살을 발라 세상을 이롭게 하소서

내 눈알을 뽑아내어
나의 교만함을 거두소서
내 혀를 뽑아내어
나의 우둔함을 거두소서
내 살가죽을 벗겨내어
나의 교활함을 거두소서
내 심장을 도려내어
나의 가증함을 거두소서
내 양 허파를 뜯어내어
나의 편협함을 거두소서
내 손톱을 뽑아내어
나의 음흉함을 거두소서
내 목을 쳐내어
나의 비열함을 거두소서
내 내장을 들어내어
나의 게걸스러움을 거두소서
내 수족을 베어내어
나의 나약함을 거두소서
이로써도
내 지은 죄 많아

내 허물이 덮여지지 않는다면
내 영혼마저 거두시어
영겁의 지옥 불에 던지소서

하늘이시여,
진실로 바라옵건대
이 한해가 다 가기 전에
속된 욕망에 사로잡혀있는 내 영혼을 구하소서.

2004/12/08/12:15

12월을 보내며

12월을
더욱 안타까이 여기는 것은
아무리 움켜쥐려 해도
손가락 사이로 솔솔 빠져나가는 모래알 같아

12월을
더욱 서러워하는 까닭은
까마득히 내려다뵈는
굽이굽이 헤쳐 온 길이 한낱 부질없이 느껴져

해를 거듭할수록
한해를 또 떠나보냄이
내 안의 몇 남지 않은
올곧은 심지 하나씩 뽑혀나가는 듯
가슴에 공허함만 늘어나고

세상이여
올 한해 걷어 들인 풍성한 수확
저마다 추렴하기 끝낼 즈음
내게 주어진 품삯은 고작 동전 서너 푼

긴 여정 끝내고
이제 쉴 곳을 찾는 나그네
지나온 날이 서러웠노라
지나온 길이 고달팠노라
지나온 생 굽이마다 희로애락이 있었노라
흐느끼듯 내뱉는 공명 없는 단말마

인적 끊긴 황량한 보도블록
나뒹구는 다 헤진 낙엽
지난날 그 무성한 무리들 어디로 가고 홀로되어
예리한 칼바람에 갈기갈기 찢기면서
녹음 짙던 날 싱싱함의 살 겹던 날 반추하는
저 희미한 가로등불빛 둥근 빛무리

2004/12/11/14:46

안호수, 정의로운 칼날이 되리라

선생이란 무엇인가
사람이 더욱 사람답게 살도록 가르치는 것이 선생이다
이제 선생은 더 이상 선생이 아니다
학교란 무엇인가
사람이 사람과 더불어 살도록 가르치는 곳이 학교다
이제 학교는 더 이상 학교가 아니다
교육이란 무엇인가
사람이 사람을 위해 이바지하도록 가르치는 것이 교육이다
이제 교육은 더 이상 교육이 아니다

한 소년이 울고 있다
한 소년이 아파 울고 있다
한 소년이 고통스러워 울고 있다
소년은 왜 울어야 하는지
소년은 왜 아파야 하는지
소년은 왜 고통스러워야 하는지
소년은 그 까닭을 모른 채 울고 있다

한 소년을 울게 함으로써 몇몇 소년이 즐거워하고 있다
한 소년을 아프게 함으로써 몇몇 소년이 쾌감을 느끼고 있다
한 소년을 고통스럽게 함으로써 몇몇 소년이 희열을 느끼고 있다
몇몇 소년은 즐기기 위해 한 소년을 울린다
몇몇 소년은 쾌감을 느끼기 위해 한 소년을 아프게 한다
몇몇 소년은 희열을 느끼기 위해 한 소년을 고통스럽게 한다
몇몇 소년은 그럼으로써 부모로부터 물려받은 방종을 답습한다

학생은 이미 학생이 아니다
인격을 함양하고 지식을 넓히며
선의의 경쟁을 통해 도전정신과 개척정신을 키워야할 그들에게
그들 세계에 비굴함과 야비함, 야합이 판친다
선생은 저만치 팔 짐 지고 물러서 선생이기를 포기하고
학교는 괜한 시비에 휘말릴까 몸 사려 학교이기를 포기하고
교육은 애초부터 정책부재로 교육이기를 포기하고

뱀의 간사한 혀로 이간질하는 야비한 무리여
상황 따라 카멜레온 같이 변신하는 교활한 무리여
약한 자 짓밟고 강한 자 앞에 굽실하는 비굴한 무리여
화려하고 영롱하기가 독버섯 같은 악에 물든 가공한 무리여
한 정의로운 소년 있어
그 정의로운 칼날의 섬광에
그대 겹겹이 두른 흉한 허물

한낱 낙엽처럼 흩어지리라
그 정의로운 칼날 아래
그대 야비함과 교활함, 비굴함과 가공함으로 뭉쳐진 몸뚱이
천 조각 만 조각 찢겨져 뭇 발에 짓밟히게 되리라.

2004/12/12/23:42

존재 存在

세상은 유有와 무無의 팽팽한 조화
유와 무가 어우러져 비로소 존재를 이루나니
느끼는 것이 존재이듯이
느끼지 않는 것 또한 존재이며
사유思惟 또한 존재에서 오리라

존재엔 균형이 있어
만물의 영장이나 하찮은 미물이나
그 가치를 재는 저울추는 늘 수평을 이루나니
천하를 호령하는 무적무패의 영웅호걸인들
천적이 두려워 가랑잎에 숨어든 작은 벌레인들
존재함만으로 그 자신을 한껏 빛내리라

존재는 시위를 떠난 활과 같아서
시점始點이 있듯 종점終點도 있으니
존재란 한 순간에 머물 뿐 영원하지 않으리니
존재함만으로도 영원한 축복이리라.

2004/12/27/21:42

고드름

그것은 속살을 비집고 헤쳐 나온 한恨의 응축액
방울져 떨어지는 체념의 눈물

위를 향해 솟구치는 피맺힌 절규
아래를 향해 겨누는 증오의 칼날

오늘도 아이들 시린 손 비벼가며
분노의 칼날 휘어잡는다.

2005/01/07/16:12

아버지

    - 아버지
작게 소리 내어 불러봅니다

내게도 아버지가 있었기에 세상에 나올 수 있었지만
아버지, 왠지 낯설기만 합니다
나 너무 어렸을 적 내 아버지 우리 곁을 떠났기에
당신은 옛 기억 속에만 머물러 있습니다
이제
당신에 대한 기억만큼 아버지란 이름이 익숙하지 않습니다

나 또한 두 아이의 생명을 잉태시켰기에
두 아이로부터 아버지라 불립니다
나 세상 바삐 사노라며 내 아이들
내 관심에서 언제나 겉돌았습니다
이제
나 또한 아버지라 불리움에 어깨에 걸린 무게를 느낍니다

    - 아버지
그렇게 작게 소리 내어 또 불러봅니다.

2005/01/07/15:42

일본아, 도적근성 버려라

일본아,
반만년 세월을 돌이켜 보렴
자고로 우리는 형님이고 너희는 아우였다
우리는 많은 것을 너희한테 베풀었고
너희는 우리를 형님으로 모셨잖니

일본아,
반만년 역사를 돌이켜 보렴
자고로 우리는 선비였으되 너희는 노략질만 일삼았다
우리는 호혜와 관용으로 너희를 대했으나
너희는 걸핏하면 우리를 침탈하지 않았었니

일본아,
세계 침략사를 돌이켜 보렴
임진왜란과 정유재란 7년여 한일합방 일제치하 36년여
너희는 걸핏하면 우리 산하를 유린하여 우리 피로 물들이게 했고
우리 문화를 말살하고자 우리 혼마저 도륙하지 않았었니

일본아,
제국주의 망령에서 벗어나려무나
세계경제대국을 꿈꿀지라도 최소한 갖출 도리는 있느니

남의 것을 내 것이라 아무리 박박 우겨도
통하지 않는 것도 있느니
독도가 우리 땅이라는 것은
우리는 물론 너희 오랜 역사에서도
이미 밝혀지지 않았었니

일본아,
너희 말이다,
우길 것도 가려 우겨야지
떼쓸 것도 가려 떼써야지
자꾸 억지주장 펴다가는 국제사회에서 왕따 되지 않겠니?

※ 2008년8월15일 부산 환경수호운동연합 독도사수결의대회 낭송시

2008/08/15

해먹겠다

"할 것이다"
나는 할 것이라는 목표를 세웠다
그것은 꼭 1년 후의 일이다
그것만으로도 벌써 반을 이뤘다

"해야 한다"
나는 해야 한다는 결심을 굳혔다
그것은 꼭 1년 후인 2010년의 일이다
그것만으로도 목표를 거진 다 이뤘다

"해먹겠다"
나는 해먹겠다고 작정을 했다
그것은 꼭 1년 후인 2010년6월2일의 일이다
그것만으로도 이미 목표를 다 이뤘다.

2009/06/02/12:20

몰운대 沒雲臺

칠백 리里 단숨에 굽이쳐 흐른 낙동강 종착점 하구언
다대만 드넓은 황금빛 모래밭 너머 나지막이 솟아오른
태고의 비경 해발 스물여섯 장丈 몰운대
옛 임란영웅 기상만큼 울울창창한 해송군락 엄존嚴尊하여
흐트러지려는 충정과 신념 일깨워주네

어둠 짙은 안개에 가리어진 꿈결처럼 몽롱한 몰운대
숲이 깊기로 그 깊이 가늠할 수 없는 심산유곡深山幽谷
오랜 풍상 깎아지른 위태한 단애斷崖 지조를 말하고
울울첩첩 시루떡 같은 층암절벽層巖絕壁 충절을 말하고
조물주의 작품인양 진귀한 기암괴석奇巖怪石 세월을 말하네

장자도長子島 남형제도 북형제도 목도 동이섬 쥐섬 모자섬
고리섬 자섬 동섬 팔보섬 이름 없는 크고 작은 숱한 섬들
어둠의 잔재殘在 마저 미련인양 떨쳐내지 못하고
흐릿한 계조階調에 굳게 갇혀 시름하는 수평선 너머
한껏 손짓하며 다투어 신비경神秘景 드러내는 몰운대여

검붉은 핏물 토혈吐血하며 뻘건 태양 솟구쳐 오르고
현란한 빛의 파편들 물고기 비늘처럼 살아 펄떡이면
광활한 수평선에 걸린 한 조각 그 옛적 잃어버린 땅 쓰시마섬

임진왜란 왜구 핏빛 칼날에 스러진 윤흥신 첨사 8천여 다대
주민 넋
그 한 맺힌 원혼의 절규 삼켜버린 곳 몰운대여

바람 한 점 없는 검푸른 바다 자글거리는 파랑波浪조차도
외로 꼰 시선 속엔 푹신한 솜이불 깔아놓은 듯 안온安穩하여라
소슬한 물기 한껏 머금고 속세 향해 짙은 솔 향 내뿜는
언제 봐도 지극히 게으르고 평화롭다할
그대 황소 엉덩이같이 둥글고 소담한 몰운대여.

2009/08/28

몰운산沒雲山 비경秘境

미명未明의 짙은 운무雲霧
꿈결처럼 몽롱한 다대 몰운산沒雲山
물기 한껏 머금은 해송군락 솔향 내뿜는 숲길 따라
무작정 걷노라면 숲이 깊기로 심산유곡이다
깎아지른 단애, 곳곳의 기암괴석과 층암절벽
어둠의 계조階調에 점점이 박힌 장자도 남형제도 북형제도 목도
크고 작은 섬 너머 광활한 수평선에 걸린
아, 빼앗긴 땅 이역異域 대마도大馬島가 코앞이다

붉은 태양 토혈吐血하며 솟구쳐 오르고
파랑波浪의 파편들 비늘처럼 살아 팔딱거리면
줄줄이 늘어선 해송 숲 다대만 드넓은 황금 모래밭과
어우러져 절로 황홀하다
어언간 몰운산 신비경에 묻혀 신선이라도 될라치면
잊혔던 임란 영웅 녹도만호 정운鄭運 공의 기개氣槪와
다대포진첨사 윤흥신尹興信 공의 충절忠節이
짙은 솔향과 함께 시나브로 내 안에 스며든다.

2009/08/29/10:25

숲이 숲을 말하다

숲이 말하기를,
태초로부터 숱한 생명 잉태해왔나니……
숲은 곧 생명이라 했다

숲이 말하기를,
필요한 것 이상으로 모든 것 베풀었나니……
숲은 곧 자원이라 했다

숲이 말하기를,
가장 아름다운 색깔로 세상 화려하게 수놓았나니……
숲은 곧 예술이라 했다

숲이 말하기를,
지친 몸 쉬게 하고 영원히 쉴 곳 주었나니……
숲은 곧 안식이라 했다

숲이 말하기를,
숲은 이미 지나치게 많은 것을
조건 없이 주었노라 했다.

2009/08/29/11:30

눈 비 안개, 그리고 이슬

까마득한 옛날부터
자연이 인간에게 베풀어오던 축복이 있었으니
하늘의 눈물이요 바람의 땀이요 땅의 입김이라
눈 비 안개 그리고 이슬
전혀 다른 것 같지만 그 모두가 축복의 생명수이다

놀랍지 않은가
똑같은 생명수로 이루어졌음에도
때와 장소에 따라
그 형태와 빛깔과 성격이 판이하게 다른 것이.

2009/06/02/12:20

친구親舊

석양노을 향해 희미하게 멀어져가는
뉘 그림자만 보고도
괜히 마음이 심란하여 울적해질 때
문득 떠오르는 얼굴이 있지
서커스단의 꽤나 익살맞은 피에로같이
내게 흥겨운 웃음 안겨 주리라는……

구불구불 골목길 흐릿하게 밝히는
가로등 불빛만으로도
괜히 처량한 기분에 휩싸일 때
하염없이 생각나는 얼굴이 있지
어릴 적 뛰놀던 우람한 자작나무 등걸같이
늘 마음 놓고 기댈 수 있으리라는……

소슬한 가을바람에 낙엽 뒹구는
바스락 소리만으로도
괜히 가슴속 텅 빈 공허함 느낄 때
정겨운 눈길 주고받고 싶은 얼굴이 있지
영원히 마르지 않을 그 깊디깊은 심연深淵같이
내 허기진 속내 그득 채워 주리라는……

쇼윈도에 비쳐진 내 추레한 모습 바라보며
갈 바 몰라 헤매는 것만으로도
괜히 뜻 모를 분노가 마구 솟구칠 때
간절히 두 손 마주잡고 싶은 얼굴이 있지
천년세월 온갖 풍상風霜 버텨온 듬직한 바위같이
언제나 변함없이 내 곁 지켜 주리라는……

끝없이 이어진 기찻길 침목 징검다리삼아
깡충깡충 건너뛰는 것만으로도
괜히 들뜬 행복에 겨워 휘파람이 절로 날 때
어디든 동행同行하고 싶은 얼굴이 있지
무리지어 줄줄이 날아가는 서녘하늘 기러기 떼같이
내 생 마감 그 순간까지 늘 함께 있어 주리라는……

    …… 친구야
    …… 고맙다
    …… 친구야.

2009/09/27/21:02

단풍丹楓

지난여름 내내 그 혹독한 땡볕에
그 자신을 얼마나 달궜으면
그 푸르름이 천도薦度하지 못하고
스스로의 분신焚身을 꿈꾸었으랴

드넓게 펼쳐진 망망 산하山河
깊은 골짜기마다 음습한 계곡마다
지글지글 끓는 태양의 코로나
시뻘겋게 타들어간 안토시안
마지막 정염情炎 다투어 불사르려는
수목樹木의 열정은
서로 간에 태우고 또 태워도
그저 적멸寂滅엔 이르지 못하네

지금 삼천리는 온통
울긋불긋
비애悲哀의 불바다를 사른다.

2009/09/28/01:47

편지便紙

탁상위에 펼쳐놓은
빛바랜 편지들
하나하나 인양引揚된 고대古代 보물인양
지나온 세월만큼 고풍스럽고
알알이 새겨진 말 알의 이력 더듬는다

퇴적층 화석처럼
굳어버린 밀어蜜語들
사각사각 한순간 기적처럼 재생하여 꿈틀거리면
온갖 사연에 얽힌 그 님들 옛 모습
일일이 떠올려 다시금 망막網膜에 심는다

전설傳說로 묻혀버린
까마득한 옛 추억들
새록새록 지면紙面위로 다투듯 고개 내밀 때
어즈버 그 옛날이 마냥 그립다
줄줄이 떠오르는 그 숱한 인연들 사무치게 그립다.

2009/09/28/18:42

타임아일랜드

1

아가야,
여수 앞바다 그 광활한 청정해역
먼 바다로 몰려가는 왁자한 파도에 실려
저 미지의 환상세계를 향해 떠나려는 모험선冒險船
우리도 함께 올라타자꾸나

우리가 늘 꿈꿔오던 대자연속 파라다이스
그곳엔 무지갯빛 동경 아스라한 기억 머물러 있는 곳
태고의 비경 살아 숨 쉬고
태고의 신비 살아 숨 쉬고
태고의 역사 살아 숨 쉬는 곳
타임아일랜드로……

2

아가야,
임진왜란 때 수만의 왜구 수장水葬시킨 성웅 이순신
그 웅대한 기개 살아 숨 쉬는 파란 바다정원 위로

일곱 개 크고 작은 섬 옹기종기 솟아 있는 곳
우리도 그 기개 닮으러가자꾸나

짙푸른 하늘 쪽빛 바다 맞닿아 이룬 캔버스
옥색구슬로 수놓듯 한 땀 한 땀 일궈놓은 영롱한 섬들
낭도 사도 중도 증도 장사도 추도 부도
장인匠人의 혼불로 거듭거듭 조화롭게 태어난
예술섬 모래섬 공룡섬 전설섬 만물섬 용궁섬 보물섬
타임아일랜드로……

3

아가야,
억겁億劫의 세월 훌쩍 뛰어넘어 태고의 숨결 고이 간직한
바다 한가운데 시루떡처럼 켜켜이 쌓인 퇴적암층
칠백여 발자국 무수히 남기고 뒤쫓아 따라오라 손짓하는 공
룡들
우리도 그 무시무시한 공룡세계로 떠나자꾸나

팔천만년 거슬러 올라간 시간여행 길에 만난
우리 선조先祖의 선조가 태어나기도 전인 까마득한 그 옛날
중생대 백악기 공룡 티라노사우루스 그 사나운 이빨과 그 긴
꼬리

트리케라톱스 파라사우롤로푸스 스테노니코사우르스
그들 공룡이 우리들더러 오라오라 재촉하는
타임아일랜드로……

4

아가야,
해마다 음력 정월대보름 2월초하루 영등일
사도와 추도 사이 오리五里만큼의 거리 바닷물 갈라지고
일곱 개 섬 울타리로 연결되어 장관 이루는 별천지
우리도 모세가 갈라놓은 기적의 바닷길 건너가자꾸나

장구한 세월 모진 풍상 견디며 천연조각물로 깎여온 연륜
장군바위, 병풍바위, 거북바위, 얼굴바위, 고래바위, 공룡척추바위
멍석바위, 젖샘바위, 동굴바위, 처마바위, 하마바위, 감자바위, 용미암
온갖 진귀한 기암괴석 살아있는 듯 경이롭기만 하고
먼 바다로부터 공룡의 포효咆哮 아련히 들려오는
타임아일랜드로……

5

아가야,
미로처럼 꾸불꾸불 돌담으로 이어진 이야기 길
나로호(KSLV-I)위성 발사현장 고흥반도 바로 코앞인데
과거와 현재 미래를 아우르는 타임아일랜드로
우리도 타임머신캡슐 타고 태고와 미래를 오가자꾸나

황금빛모래밭 앞뒤 파도 넘실거리는 양면바다해수욕장
태초의 신화 간직한 탄생굴 거북손 닮은 희귀 금조개
낙지 해삼 개불 고동 갖가지 싱싱한 해산물 그득 넘쳐나는 곳
우리 모두 꿈 끼 깡 꾀 끈 마음껏 발산할 수 있는 유토피아세계로
오감 육감 하나 되어 과거 미래 이어가는 테마파크
타임아일랜드로⋯⋯.

여수 타임아일랜드 백일장 시/수필/소설 통합 [대상] 수상작
(2009년10월31일)

2009/10/10/21:24

칙 폭 칙칙폭폭 칙칙폭폭

난 내일 한양 간다
칙칙폭폭 아닌 케이티엑스KTX로
한양나들이 오랜만이다
갈 일 있어도 여간해선 가려하지 않는 것이 한양나들이
돈도 아깝지만 시간도 아깝고
한번 다녀오면 이틀 앓는다

난 오늘 한양 행 케이티엑스 예매했다
예매하기 귀찮아 여간해선 예매 않고
그 때문에 서서갈 때도 있었는데
이젠 서서가는 게 싫어 예매 했다
옛날엔 열 시간씩 걸렸던 한양까지의 거리가
이젠 세 시간도 안 걸린다

칙 폭 칙칙폭폭 칙칙폭폭

어렸을 땐 비둘기 탔다
큰 정거장 작은 정거장 빼놓지 않고 섰으며
그때마다 큰 보따리 이고 진 사람들 넘쳐났다
통학하던 학생들 북적거렸고
휴가차 오가던 군대졸병들 그득했다

덜커덩거리던 소리 자장가삼아 장거리 손님 잠 청했던

머리가 조금 굵어지고 부턴 무궁화 탔다
쪼매 빠르긴 했지만 여전히 크고 작은 정류장마다 섰다
차창 통해 농촌풍경 눈여겨보기도 했는데
때론 푸릇한 새싹 너울거림을 때론 누렇게 익은 벼이삭
출렁거림을
넓은 벌판 가로 지나고 어두운 터널 뚫고 나가기도
기차여행의 낭만 만끽해보기도 했는데

형편이 나아지고 여행이 잦아지면서 통일 탔다
부산서 한양까지 천리 길 득달같이 내닫는다던 특급
내처 두만강 압록강까지 내닫고파 통일이라 이름 지은
고정좌석이 주어지고 내 자리라며 버티고 앉을 수 있던
그래도 만원일 땐 입석손님들 좌석까지 비집고 들어와
박대하지 못하고 함께 어우러져 술판에다 고스톱 판까지
벌렸던

돈 제법 벌었을 때부턴 새마을 탔다
예쁜 여승무원 깍듯한 환대에 브이아이피처럼 으스대며
그야말로 총알같이 내닫아 부산서 한양까지 네 시간에 닿는
데도
그 네 시간이 마냥 무료해 레일로드 읽고 또 읽고
아무리 기차가 빨리 내닫아도 여전히 느리다 여겨지는 것이
도무지 속도에서는 흡족함이 없다

칙 폭 칙칙폭폭 칙칙폭폭

난 내일 한양 간다
칙칙폭폭 아닌 케이티엑스로
저 여수 청정지역 타임아일랜드 백일장 대상 시상식에
참석하기위해 한양 간다
돈도 아깝지만 시간도 아깝고
한번 다녀오면 이틀 앓는 천리 길 머나먼 한양여행길에

번갯불 튀듯 내닫는 케이티엑스 예매했다
불과 세 시간도 걸리지 않아 한양에 도착한다는데
그 시간에 나는 10월의 마지막 날을 상기하며
차창에 피어오르는 10월 마지막 날의 전원풍경 만끽하고
있을까
아니면 비둘기 무궁화 통일 새마을로 이어지는
지난 기차여행에서의 아스라한 추억들을 떠올리고 있을까.

2009/10/30/12:20

글을 쓴다는 것은

글을 쓴다는 것은 글을 짓는 것이다
낱말이란 수천수만 개의 벽돌 쌓고 쌓아
하나의 아담한 집 짓는 것이다
기반이란 문맥文脈을 다지고
벽이란 문장文章을 올리고
지붕이란 의식儀式을 치루는 것이다

글을 쓴다는 것은 글을 파내는 것이다
심연深淵의 광맥 속 수천수만 개의 금속입자 캐내어
하나의 원형原形 이룰 때까지 줄기차게 파내는 것이다
도도한 광맥의 줄기에서 문맥을 찾고
캐낸 갖가지 금속입자로 문장을 쌓고
생명의 혼 불러오는 의식을 거치는 것이다

글을 쓴다는 것은 글을 꿰는 것이다
제멋대로 굴러다니는 수천수만 개의 구슬 꿰고 꿰어
하나의 목걸이 완성하는 것이다

명주실로 구슬 꿰어 문맥을 잇고

색색의 구슬들 배열하여 문장을 이어나가고

꿰어진 구슬 모두 영롱한 빛이게끔 의식을 행하는 것이다.

2009/11/03/19:19

자유인 自由人

모두들 자유인이라면 꽤나 부럽겠지
그렇지만 자유인이란 게 생각처럼 그리 축복받은 인간이 아니라는 걸
누구한테든 소속되지 않았으니 이리해라 저리해라 간섭 받지 않아 좋고 하기 싫은 일 억지로 하지 않아 좋고 아무 때고 잠자고 싶을 때 자고 깨어나고 싶을 때 깨어날 수 있으니 좋고 배고플 때 먹고 먹기 싫을 때 먹지 않아 좋고 가고 싶은 델 가고 가기 싫은 델 가지 않아도 좋고 몸을 씻든 씻지 않든 누가 뭐라 할 사람 없으니 좋고 이런 걸 자유인이라 한다면
그래서 넘쳐나는 자유를 만끽 할 수 있어 좋다면
자유인이 되는 것은 그리 어려운 일이 아니다
모든 것을 버리면 누구나 쉽게 자유인이 될 수 있다
그렇지만 자유인은 늘 괴롭다
무한한 자유가 주어진 것처럼 여겨지지만 실은 그 자유가 목을 죄는 올가미요 그로 말미암아 사는 것이 사는 것 같지 않으니……

2009/11/10/03:33

이 고요한 밤에

창세기創世記 즈음이던가,
외침과 두런거림이 흔적 없고 공간과 시간의 흐름이 멈춰있는
세상엔 오로지 나 혼자만 존재하는듯하고
사면四面은 벽으로 둘러싸여 짐짓 사고思考도 멈춰있구나
깨어있음 마저 한 순간의 꿈이런가,
의식意識은 담타고 넘어온 어설픈 도둑처럼 낯설고
의지意志는 잽싼 도마뱀으로부터 끊겨나간 꼬리처럼 제멋대로이다
살아있는 모든 것들이 죽은 듯이 숨죽이며 주검을 가장하고
영겁永劫을 향해 치닫는 음울한 가식假飾과 가증可憎
애둘러 마당에 불려나간 장두인형杖頭人形처럼
감상感傷의 골에서 헤어 나올 수가 없구나
이 고요한 밤
밀려드는 까닭모를 서글픔은
혼자만이 깨어있으리란 착각이란 말이던가.

※ 장두인형 : 한국의 유일한 전통인형극 꼭두각시놀음에 등장하는 인형.
남사당패들은 인형극을 통해 지배층의 지배구조와 횡포, 파계승에 대한 신랄한 풍자를 했다.

2009/11/17/06:31

꽃보다 더 아름다운 것이 사랑이거늘

나는 오늘 늦가을에 핀 이름 모를 하얀 꽃을 한 아름 꺾어든다
한낮 찬비를 맞으며 부유浮遊하는 영혼의 넋이 담긴
진하게 배어나오는 향기를 맡으며 오롯이 그대생각에 잠기노라
꽃보다 더 아름다운 것이 사랑이거늘
나는 오늘 사랑을 잃어버린 서러움에 겨워 목메어 우노라

나는 오늘 그대를 애틋하게 그리며 이름 모를 하얀 꽃에 입맞춤을 한다
내리는 빗줄기 속에 색색의 낙엽은 젖어들고 계절은 깊어 가는데
모두들 떠난 텅 빈자리를 맴돌며 마음은 이미 그대 향해 달려가노라
꽃보다 더 아름다운 것이 사랑이거늘
나는 오늘 빈 사랑만큼이나 외로움에 겨워 그대만 애타게 부르노라.

2009/11/18/10:21

나는 오늘도 전쟁터로 나간다

나는 오늘도 전쟁터로 나간다
테러리스트 진압에 나선 기동타격대처럼 M203 유탄발사기를 장착한 M4 카빈소총을 둘러메거나 권총을 옆구리에 차진 않았어도 두터운 털 코트를 전신에 휘감고 등산화 끈 질끈 동여매고 전쟁터로 나선다
세상은 전쟁터다

음흉한 미소를 짓고 다가서는 이들
괜한 너스레를 떨며 다가서는 이들
무덤덤함을 가장假裝하며 스쳐지나가려는 이들
끼리끼리 떼 지어 시시덕거리며 몰려다니는 이들
때로는 아파트입구에서
때로는 6차선 대로변에서
때로는 시끌벅적한 시장통에서
끊이질 않고 오가는 그 모든 이가 내겐 모두 적이다
나는 오늘도 두터운 털 코트와 등산화로 중무장하고
살벌한 전쟁터로 나간다

피아彼我를 분간할 수 없다면

모두 적으로 간주하여 등산화발로 짓이겨 섬멸殲滅할 것이다.

2009/11/18/10:21

늦가을엔

어머니
이제 가을이 끝나가려나 봅니다
해마다 이맘때쯤 어머니 닮은 늦가을 맞노라면
언제나 털실뭉치 굴려가며 뜨개질하던 어머니를 떠올립니다
무수한 붉은 잎새 너른 산야 온통 뒤덮고
새벽에는 된서리가 하얀 결정結晶 이루며
잎새 사이로 골고루 파고듭니다
그렇지만 하늘은 그 어떤 것으로도 채워 넣을 수 없는
거대한 빈 유리병 속처럼 온통 공허합니다

어머니
이제 만물은 다가올 겨울 준비하고 있습니다
손바닥 닮은 빨간 단풍 하나 유심히 살펴보노라면
도드라진 잎맥 사이엔 엷은 막이 박쥐의 날개 닮았습니다
어머니의 왼손 새끼손가락 윗마디는 옹두리처럼 불거져
매번 꺾을 때마다 골짜기에서 딱따구리 등걸 쪼는 소리가
한숨소리처럼 울려오곤 했지요
아름드리 고목의 나이테만큼이나 숱한 인고忍苦의 밤을
지새웠던 당신은 늦가을의 스산함을 무척이나 닮았었지요.

2009/11/26/03:50

행복한 미소

안녕!
행복한 미소
나는 오늘 행복한 미소 띠며 그대 대하리
가슴 짓누르는 불안한 마음도
어디고 하소연할 데 없는 울적한 마음도
공연히 안절부절 심란한 마음도
애써 감추고, 그리고 안녕 행복한 미소

지름길이라 여겨 내닫던 골목길
막다른 골목길에 마주한 파란 대문
되돌아선 뒤통수에 쏟아지는 행복한 미소
정류장에 정차중인 96번 시내버스
한눈에 봐도 내가 타야할 버스라 쫓아갔건만
약 오르게 은근슬쩍 내빼는 버스 뒤꽁무니의 행복한 미소
백일장 시제에 맞춰 장원 따 놓은 당상이라며 일필휘지
장원은커녕 차상차하 그 어디에도 이름 석 자 보이지 않네
근엄한 심사위원들 얼굴에 걸린 행복한 미소

굳어진 얼굴 근육 씰룩씰룩 누그러뜨리고
찌푸려진 인상 타타타타 두드려 펴고
간밤의 질펀한 악몽을 떨쳐내듯 하하호호 기분을 추스르고
행복이란 퍼즐조각들 찾아 미소란 그림 짜 맞추곤
난 오늘 한 조각만큼이나 작아진 행복한 미소로 그대 대하리.

2009/11/26/19:19

숨바꼭질

꼭꼭 숨어라 머리카락 보일라
그대는 눈부신 빛, 나는 고독한 그림자
그대의 따가운 시선 피해 숨어든 나는 마냥 수줍다
그대는 훤한 대낮, 나는 칠흑 같은 밤
스물네 시간 쉴 새 없이 서로를 찾고 더듬어도 우린 만날 수 없네
그대는 이글거리는 태양, 나는 차디차게 식어버린 달
그 머나먼 거리만큼 우린 한 발짝도 다가설 수 없네

꼭꼭 숨어라 머리카락 보일라
나는 사막 건너는 나그네, 그대는 오아시스 가장한 신기루
그대 찾아 헤매다 탈진하여 쓰러진들 결코 포기할 수 없나니
나는 정처 없이 떠도는 순례자, 그대는 하늘 녘 수놓는 오로라
그대 천국의 문 닿으려 안간힘 써도 끝내 도달할 수 없네
나는 앞만 보고 내달리는 한 마리 개미, 그대는 양면 연결된 뫼비우스 띠
억만 겁 돌고 돌아도 어느 한 세계에 속할 수 없는 혼돈뿐이라네

2009/11/27/21:57

제4부
골초도 원시인原始人이라네

달맞이꽃

달님을 짝사랑하였던가
별님을 짝사랑하였던가
차마 사랑한다 말 못하고 속으로만 애를 끓다가
방울방울 눈물방울 이슬로 맺히다
서러움에 겨워 빛 졸이는 꽃이 되었네

한 걸음 다가서면 두 걸음 멀어지고
한 달음 달려가면 두 달음 도망가고
혼자 얼마나 애를 태웠으면 저다지도 애처로울까
저 홀로 떠도는 가슴 저미는 외로움
외로움에 떨며 빛 바라기 꽃이 되었네

행여 눈길을 보내주실까
행여 손길을 내밀어주실까
어둠이 깊어 가면 샛노란 꽃잎 접시처럼 펼쳐
님의 눈길 님의 손길 하염없이 기다리다
기다림에 지쳐 빛 밝히는 꽃이 되었네.

2009/12/06/03:99

어떤 투정

첫서리 내리자 이제 여든 쉬 바라보는
쪼그랑할망구 섭섭네는 굽은 허리 펼 사이 없이
무말랭이 호박말랭이 건옥수수 걷어 들이기 바쁘다
멍석에 펼쳐놓은 태양초의 물기가 거진 말라갈 즈음
고샅에 걸린 해도 쉬이 넘지 못하고 시름시름하다
홀연히 날아든 까마귀 감나무에 대롱거리는 까치밥 쪼아대니
다가올 겨울이 귀신 썬 짚북데기마냥 영 마뜩찮다

쉰 넘긴 맏이 태선이가 반쯤 잘려나간 두 다리 섬돌에
걸쳐놓고
철부지마냥 밥투정에 옷투정에 정신 사납다
하얀 닛밥과 비린내 나는 괴긴 언제 줄껴?
남들 다 입는 레지끼바지는 언제 사줄껴?
꼴에 남정네라 발끈거리는 음욕淫慾 용두질로 달래길
누리끼리한 무명 고의에 온통 서걱거리는 풀칠이다
진작부터 보내준다던 장가는 언제 보내 줄껴?

세상 살기 싫다고 이참에 콱 죽어삔다며
눈꺼풀마저 까뒤집고 침까지 겔겔 흘려가며 나자빠진 맏이가
억겁의 굴레처럼 천근만근 묻어나고

뉘엿한 해 그림자만큼이나 질퍽하다
옹냐옹냐 니 바라는 거 다 해줄텡게 죽는다카는 소리만 고만혀라
이제 더 이상 늙을 수도 없는 쪼그랑할망구 섭섭네는
간단없이 이리 뛰고 저리 뛰며 왠지 혼자서 분주하다.

2009/12/06/02:25

크리스마스 이브

메리 크리스마스!
거리마다 왁자한 인파로 넘쳐나고
집집마다 비밀스런 이야기로 수런거릴 때
불야성 이룬 밤하늘 온 누리가 환하게 밝아온다

메리 크리스마스!
세상을 구할 자여 지저스 크라이스트
만백성 몸을 낮춰 그의 탄생 기리고
캐럴송에 맞춰 사람들 가슴에 기쁨이 출렁인다

메리 크리스마스!
아이들의 기다림이 산타클로스라면
어른들의 기다림은 새로이 세상을 구할 자
저마다 가슴에 품은 소망 한 가지씩 읊조리는 크리스마스이브

2009/12/21/14:43

메리 크리스마스

오 해피해피 데이
싼타할아버지 순록 썰매타고
착한 아이 찾아 선물 주신다네
흰 눈 쌓여가는 삼라만상
눈부시게 아름답고 고와라

오 해피해피 데이
어두운 골짜기 험한 수렁에 갇혀
떨고 지내는 가엾은 아이
눈부신 화관 두른 천상의 천사들
별가루 금가루 뿌려가며 위로하네

오 해피해피 데이
성당의 종소리 크리스마스캐럴 소리
고요한 정적을 깨고 울려 퍼지네
범죄에 물들은 사악한 인간 구하러
구세주 보내셨음을 세상에 알리네

오 해피해피 데이
가난한 자여 고통에 신음하는 자여
진정한 행복은 참는 자에게 있나니

슬퍼하지 마라 노여워하지 마라
오늘 우리 충만한 가슴으로 메리크리스마스.

2009/12/25/05:32

위대한 자여, 영광 있으라

낮은 곳에 머물면서도 늘 만족하는 자여
가난하면서도 늘 욕심을 지니지 않는 자여
팔다리 없는 병신이면서도 늘 떳떳한 자여
손해를 보면서도 늘 진실만을 말하는 자여
고통으로 신음하면서도 늘 웃음을 잃지 않는 자여
힘이 없으면서도 늘 강한 자에 비굴하지 않은 자여
비천한 일을 하면서도 늘 자기 일에 애착을 갖는 자여

위대한 자여
그대, 영원히 빛바래지 않을 영광 있으라.

2009/12/25/07:00

하나님, 그 위대한 영광

자작나무 숲속엔 언제나 비릿한 평화가 머물러있습니다. 세상에 종말이 올지라도 자작나무 숲속의 평화는 소슬蕭瑟한 바람에 흔들릴지언정 그 비릿한 냄새를 걷어 들이지 않을 겁니다.

깊은 산골짜기 옹달샘은 아무리 가물어도 결코 마르지 않습니다. 세상에 종말이 올지라도 깊은 대지大地의 속살로부터 솟구치는 젖물은 영원히 마르지 않을 샘물로 남아있을 겁니다.

태양은 지칠 줄 모르고 지난 수억만 년 뜨고 지고 뜨고 지고를 되풀이해왔습니다. 세상에 종말이 올지라도 초연超然히 뜨고 지고를 되풀이하여 삼라만상에 생명의 기운을 불어넣을 겁니다.

하나님, 당신의 그 위대한 영광을 기억하게 하소서.
하나님, 당신의 그 위대한 영광을 칭송하게 하소서.
하나님, 당신의 그 위대한 영광을 노래하게 하소서.

2009/12/27/08:24

헤어짐의 미학美學

나는 오늘 삼백예순다섯 날 중 삼백예순날을 흘려보내고 마지막 닷새 남은 캘린더의 마지막 장을 들춰보고 있습니다
내가 살아온 인생도 빼곡한 숫자들로 채워진 캘린더와 같습니다 삼백예순다섯 날만큼이나 숱한 사람들과 인연을 맺어왔고 인연을 맺어나갈 것이며 그 삼백예순다섯 날만큼이나 숱한 이별을 되풀이해야합니다
정情이 들대로 들었음에도 함께 하지 못한 것들이 얼마나 많던가요 때론 인연이 아니라고 때론 스쳐갈 뿐이라고 때론 잊어야한다고 자위自慰하면서도 아쉽기만 한 그 모든 것들이……

나는 오늘 한해가 저물어가는 밤거리의 네온을 바라봅니다
빨강 노랑 파랑 초록…… 그 색색의 환영幻影처럼 곱게 물든 밤하늘의 불꽃들은 내 영혼의 심란心亂함을 우울한 손길로 다독여주고 있습니다
내 마음의 소원疏遠함과 내게 남겨진 모래시계의 모래알만큼이나 세상엔 영원불멸이 없음을 일깨워주는 숱한 공갈협박들을 몸서리치게 증오합니다

이 무뎌진 육신이 얼마나 더 닳고 닳아야 영혼의 깨달음을 얻을 수 있게 되나요 소유所有하는 것만큼 죄가 된다면 불나방처럼 저 이글거리는 불속에 내 자신을 던져 태워버릴 수밖에…….

2009/12/27/04:47

또 한해를 보내며

2009년 한해도 미운 오리새끼 꽁지처럼 뒤뚱거리며 시간의 뒤안길로 떠났다. 옛적 앞서 흘러가버린 세월에 뒤섞여 어언 영겁 속에 파묻혀버렸다. 이미 지난 세월은 결코 돌이킬 수 없기에 늘 애틋하다.
일 년 삼백육십오일 하루하루가 어쩌면 숨 돌릴 틈도 없이 헐떡거리며 달려갔으리라. 마지막 끝날
이제 하룻밤 날이 더 밝아오면 새로운 날이 도래할지니 이미 지나가버린 날들에 미련을 갖지 말자.

2009/12/31/04:47

시詩라는 게 별건가

태초에 천지가 생겨나고 초목이 짙푸르게 무성하면서 온갖 짐승들이 뛰놀게 되었다 그리고 마지막으로 인간이 태어난 것이다 우주만물은 저마다 제멋대로처럼 보이지만 일정한 규칙에 의하여 순회를 거듭해온바 적응 못하면 도태되고 진화하면 번영을 누리게 된다

비버가 토목기술 배웠기로 강에 댐을 쌓아 호수를 만들고 자신만의 성을 짓는 것은 아니다 코끼리가 야자수 열매를 통째로 삼키고 먼 길 이동하여 배설하면 그 씨앗은 그곳에서 새로운 싹을 틔운다 그 모두가 수천만 년 이어져온 유전자가 시키는 대로 했을 뿐이다

시詩라는 것은 억지로 조합하여 나열한 낱말 맞춤이 아니다 그 안엔 진솔한 고백이 있어야하고 자기성찰이 있어야하고 희로애락의 감정이 있어야한다 문장이 살아서 꿈틀거려야하며 때

론 신선의 코털을 잡아 뽑는 만용도 있어야 한다 시詩는 시詩대로 살아있는 생물체여야하기 때문이다.

2010/01/08/23:30

눈물

가까이 다가갈수록 멀어져가는 별빛이여
두 손 안에 가둬둘 수 없는 사랑이여
두 눈 두덩이 짓무르도록 그대를 사모하건만
두 눈 속에 맺혀있는 그렁그렁한 애달픔이
별빛보다도 더 애잔한 눈물인 것을

활짝 개화하지도 못하고 시들어버린 꽃이여
소리쳐 부르고 싶어도 부를 수 없는 이름이여
오늘 내가 그대에게 바치려는 것은
한 방울의 작은 액체에 내 모든 것을 담은
꽃보다도 더 아름다운 눈물인 것을

2010/01/09/23:58

고양이 猫

거리에서 태어나 거리에서 명멸明滅하는
고양이 삶은 마냥 짧고도 허무하기만 한데
검은 털에 각인된 하얀 솜털가슴이 유난히 눈부시네
애처로운 울음소리 심금心琴을 긋고
그 심연深淵을 알 수 없는 깊은 초록빛 눈동자 속에
고고함이 눌러 붙은 경계의 눈빛 번득인다
벽장 속에 갇혀버린 또 하나의 짝을 찾아
열린 길 따라 발톱 감추고 사뿐히 걸어가고 있네

날렵한 몸매 납작하니 엎드려 깃털 곧추 세우고
외로움 빨아들인 날름거리는 그 혓바닥으로
세상 향한 혼자만의 독백獨白을 읊조리네
길바닥에 납작하니 눌린 고양이 사체
회색빛 빌딩숲에 영역 표시하던 반야半野의 방랑자
오가는 차량의 검고 그악한 발길질 거듭 채여 가며
더 좋은 세상으로 다가가는 고행苦行인양
묵묵히 제 몸을 허물어 바람에 날리고 있네.

2010/01/10/23:05

빈 잔

그대, 빈 잔에 술을 그득 따라보아라
우리, 서로를 떠나보내야 할 시간을 헤아리며
빈 잔이 철철 넘치도록 술을 그득 따라보아라

그대, 빈 잔에 사랑을 그득 담아보아라
우리, 함께하는 시간만큼 서로의 빈 가슴을 채워가며
빈 잔이 철철 넘치도록 사랑을 그득 담아보아라

그대, 빈 잔에 눈물을 그득 쏟아보아라
우리, 헤어져야할 시간이 얼마 남지 않았음에
빈 잔이 철철 넘치도록 눈물을 그득 쏟아보아라

우리, 빈 잔에 술을 그득 채워 서로를 축복하자
그대, 이별이 먼 훗날 서로에게 각별한 사랑이게끔
빈 잔이 철철 넘치도록 축복을 그득 채워보아라.

2010/01/18/12:15

축배祝杯

굳이 흥에 겹지 않아도 우리 잔을 높이 들어 축배를 하자
특별히 기원할 이유가 없다하여도 우리 잔을 높이 들어 축배를 하자
아스라이 저며 드는 슬픔도 지극히 황홀한 기쁨도 문득문득 솟구치는 외로움도 삭일 수 없는 노여움도 금방이라도 분출할 듯한 분노도 심신을 옭아매는 잔혹한 속박도 끝없이 밀려들어오는 좌절도 활화산처럼 끓어오르는 정열도 가슴을 울렁거리게 하는 막연한 그리움도 그 어떤 미련도 그 어떤 사랑도 우리 모여 있는 이 자리에선 한낱 신기루일 뿐이야
그래, 우린 이렇게 모여 있고 우린 이렇게 같은 공간에 같은 시간을 공유하고 있을 뿐, 단지 살아있다는 이유만으로 우리 잔을 높이 들어 축배를 하자

우리 모두를 위하여!

2010/01/19/18:56

권태로운 오후

치근거리는 똥파리 날갯짓 소리
앵앵 한낮의 정적 깨뜨리며 고막을 울릴 때
틈새 벌어진 모낭母囊으로부터
살 비비며 쏟아져 나오려는 석류 알처럼
숨 가쁜 일상의 틀에서 벗어나려다보면
의식은 제멋대로 떠돌고 사지는 제 할 바 몰라

희망이야 늘 가져보지만
세상일이 그렇다고 늘 뜻대로 되는 것 봤나
늘 오후 2시 이맘때 되어
방바닥에 길게 드러누워 할일 없이 게으름에 젖다보면
그만 만사가 귀찮고 마냥 권태롭기만 하더라.

2010/01/22/01:15

부뚜막에는 부뚜막귀신이 있다

금방이라도 온갖 잡신 떼거리로
헤롱헤롱 쏟아져 나올 것 같은
마른 볏단 콩깍지 묶음 잔뜩 쌓여있는
허술하고도 으스스한 정짓간
한가한 오후나절 하나 바쁠 것 없는
늘 일상처럼 나른함 배어있는
진흙먼지 뿌옇게 피어오르는 부뚜막
갈라진 틈새 스멀스멀 기어 나오는
군불 연기 언제 봐도 따스하고 애처롭다

벌겋게 지핀 아궁이 속 쏘시개 제 몸 살라
활활 타오르더니 어느새 어쭙잖게 사그라져
한 움큼 못 미치는 희끗한 재로 변하고
넓적한 가마솥 속 뽀얀 감자 익을 즈음
솔방울 많은 소나무 제대로 크랴
고만고만한 열 피붙이들 등쌀에
비쩍 곯은 서너 살 어린 막내 칠성이
부뚜막 언저리 바짝 붙어
감자향에 턱 밑 군침 훔치고 있다

반딧불 어둠 수놓고 은하수 무수히 쏟아지는 밤
부뚜막귀신 있댜 얼라 잡아 묵는 귀신 있댜
아무리 겁주기로 부지깽이 연신 쫒아내기로
늘 걸신들린 칠성이 배 채우려
부뚜막에 놓여있는 누룽지 엿보고
생쥐 풀방구리 드나들듯 연신 부뚜막 드나드네
언젠가 언뜻 지어메 하는 짓 본 적 있어
비나이다 비나이다 부뚜막귀신께 비나이다
아무리 빌어본들 칠성이 배곯기는 늘 마찬가지다.

2010/01/22/20:41

황소

남들 지붕은 슬레이트다 기와다 슬래브다 하루가 다르게 바뀌지만
언제나 야트막한 초가지붕에 안방 윗방 삼십 촉 전구 하나로 모두 밝히는
그 지지리 궁상 벗어나려 남의 집 귀신 된 지 열여덟 해만에
무리해서 백육십만 원 주고 사들인 누런 송아지 한 마리
얼마나 감격에 겨웠던지 숭실네 수년 전 여읜 지아비만큼 눈물겹기를
어언 태산처럼 우람하고도 훤칠한 장부丈夫되었구나
그 힘한 농사일 마다않는 앞마당 단감나무 아래 외양간 황소
그 하는 짓이 하도 가여워 새벽부터 득달같이 내닫아 꼴 베러 다니랴
저녁마다 매운 연기 눈 비비며 쇠죽 끓이랴 똥줄이 탄다

오늘도 해거름 이르도록 땅굴 같은 어둔 골방에 홀로 갇혀
갸르릉 갸르릉 가래 끓는 소리 뱉으며 시름에 잠겨있던 숭실네
미국산쇠고기니 뉴질랜드산쇠고기니 캐나다산쇠고기니 뭐니 뭐니
지천에 널린 게 수입쇠고기라지만 한우 값이 갯값이라
마냥 서럽다

집안 살림 대들보라 떠받들어온 황소 가격 잘 받아야
육백만 원
훌쩍 뛰어오른 숭실이 대학등록금 턱 없이 못 미치지만
그래도 듬직한 황소 엉덩이 어루만지며 깊은 시름 달래고
저만치 달려오고 있을 한 점 혈육 숭실이 생각에
흐릿한 눈망울로 긴 밭고랑 너머 아릿한 길 기웃기웃
살핀다.

2010/01/22/07:10

골초도 원시인原始人이라네

드리오피테쿠스 오스트랄로피테쿠스 네안데르탈인
그리고 옳거니, 크로마뇽인……
따지고 보면 그들만이 원시인이 아니라네
언제부턴가 골초도 니코틴피테쿠스Nicotinepithecus로 명명命名
고래쩍古來的 원시인으로 분류되었다네
그 때문에 지레 주눅 들어 사람부터 피하려드는 K씨
죽을 값에 하루 담배 두서너 갑 어김없이 태워먹으며
자그마치 지난 30년간 짓눌린 꽁초더미 속에
굼벵이처럼 꼬물꼬물 파묻혀 살아왔다네
글 쓴답시고 연신 담배개비 물고 있지만
그 글이란 게 숯검댕이처럼 마냥 시커멓기만 하여
오락가락하는 시신경視神經 초점 맞춰질 리 없다네
담배의 지독한 니코틴 K씨의 뇌세포 중 알토란같은
뉴런만 골라 야금야금 파먹어 들어갈 뿐
입에서 몸에서 옷에서 손가락 끝에서 키보드에서
결코 떨쳐낼 수 없는 지독스런 담배누린내
꽤나 오랫동안 안 감았을 부스스한 머리 비듬이 더께로 앉고
푸석한 얼굴 흐리멍덩한 눈빛 적당히 굽은 어깨
걸음걸이마저 휘청
모두들 희끗희끗 꼴불견 보듯 눈살 찌푸려가며
에잇, 똥보다도 더 추한 것 같더라니

띄는 시선들마다 모두 비껴간다네
지구촌 그 어디서든 결코 환대받지 못할 원시인
목 한껏 움츠린 채 천 원짜리 두 닢 거머쥐고 찾아드는
담뱃가게
그렇지만, 쥔 할망구만큼 졸싹거리며 K씨 반긴다네

니기미 좆또, 이젠 담배도 숨어서 피워야한다냐?
K씨, 혹 누가 들을 새라 소리죽여 속엣 불만 털어놓는다네.

2010/01/24/22:17

다대포, 그 겨울바다

철새들 낙원 낙동강하구언 다다르면
드넓은 황금모래밭 다대포해수욕장 펼쳐지고
아미산 몰운대 병풍처럼 둘러쳐진 곳
지상에서 천국으로 이어지는 징검다리인양
쪽빛 비단결에 점점이 수놓인 크고 작은 섬들
먼 바다 파고가 함성처럼 밀려오면
은빛갈매기 소스라치는 다대포 그 겨울바다

세월의 거센 울돌목에 서서 소리치는 이 있어
죽은 자 깨어나고 눈뜬 자 바라보라
흐릿한 계조에 굳게 갇혀 시름하던 광활한 수평선
검붉은 핏물 토혈하며 시뻘건 태양 솟구쳐 오르면
현란한 빛의 파편들 물고기 비늘처럼 살아 펄떡이고
모래펄에 보금자리 튼 마파람 게 마실 싸돌아다닐
매양 어머니 속적삼 닮은 다대포 그 겨울바다

2010/01/25/19:22

북소리는 태곳적부터 들려왔다

저 멀리 꼬물거리는 산야山野로부터 짙은 안개 헤집고
울려오는
무당의 주술인양 나지막한 북소리
안주할 바 몰라 구천 떠도는 구슬픈 영혼들 위하여
아옹다옹 다툼질로 무수한 상처 안고 신음하는 자들 위하여
두둥…… 둥둥둥둥둥둥둥둥……
아스라한 태곳적부터 이어오는 북소리
심장의 고동소리 삶의 맥박소리

천 갈래 만 갈래 낱낱이 도륙되어 허공에 튀는 살, 피, 뼈
피아彼我의 질펀한 전쟁디
의식의 실오라기들 한 올 한 올 곤추서고 눈엔
뻘건 핏발 곤두서고
살점과 살점 이어붙이고 질퍽하게 흐르는 피
심장에 퍼 담고
두둥…… 둥둥둥둥둥둥둥둥……
천군만마 진군 알리는 북소리
가슴팍 공명共鳴된 분기탱천憤氣撑天의 소리

아미타극락정토阿彌陀極樂淨土로부터 솟구쳐오는

장엄한 북소리

천지 포효하는 기괴한 함성

오백 나찰羅刹이 휘두르는 섬뜩한 채찍질에 고무되어

여봐란 듯 지축 뒤흔드는 보무의 저돌적인 용맹무쌍함이여

두둥…… 둥둥둥둥둥둥둥둥……

나아가라, 나아가라, 나아가라, 나아가라

저 팔열지옥八熱地獄 시뻘건 아구창 향하여…….

2010/01/25/01:05

해안 海岸

우르르르 육지로 몰려든 바다의 손들이
저마다 대패와 톱과 쇠망치 들고
육지를 조각한다

하얀 살점들이 포말泡沫에 갇히고
드러난 내장이 붉게 녹아들면
깎여나간 단애斷崖는 순결 짓밟힌 처녀처럼 절규하고
실성하여 속곳을 까뒤집는다

시루떡 같은 층암層巖은 바다 향해 아부하다
된통 물벼락 맞고 기절하여 납작하니 엎뎌 있고
기라성 같은 기암괴석 저 홀로 고고함 드러내려하지만
철썩 내지른 물 따귀에 머쓱하게 물러난다

천만 겁 억만 겁 바다의 손들에 의해
깎이고 깎여지고 또 깎여져서
마침내 비너스 목덜미 같은 해안선이 만들어졌나보다

바다의 손들은 태고로부터 유전자처럼 이어온 솜씨로
언제나 쉼 없이 육지를 조각한다
그래서 육지는 늘 새로운 해안海岸을 선보이는가보다.

2010/01/26/06:00

포플러 우듬지의 까치둥지

동창東窓이 희끄무레 밝아올 즈음
깍깍깍, 깍깍깍깍……
까치소리 동네어귀부터 부산스럽고
가마솥 지피랴 청솔가지 군불 때는 굴뚝연기
얕은 구릉 스며들듯 나지막이 흩어진다
밤새껏 문풍지 들쑤시던 여우바람 잦아들면
오작교 견우직녀 꿈결에서 헤어나
이불속 몸 비비며 단잠 깨는 아이들
하루해가 그렇게, 그렇게 마냥 들뜬다

한땐 무성했을 잎사귀 홀홀히 털어낸
포플러 우듬지 앙상한 잔가지 끝
구름에 닿을락 말락 까치둥지 저 홀로 대롱대롱
망망대해 두둥실 두리둥실 떠도는 일엽편주
모진 칼바람 불 때마다
아슬아슬 곡예 하듯
흔들흔들 그네 타듯
궁중 무도회 초대받은 까치신사들
들뜬 날갯짓이 얼어붙은 허공 가른다

뉘엿해진 석양 우듬지 끝마디마다 맺히고
붉은 햇살 곱게 까치둥지 물들이면
까치야, 까치야 헌 이빨 줄께 새 이빨 다오
어금니 뽑아든 아이 풀쩍풀쩍 뛰는 소리에
까치둥지 아이 어금니 담고 풍선처럼 부푼다
둥둥둥, 둥둥둥둥……
출항북소리 울리며
높이, 높이 하늘높이 솟구쳐 오른다
기웃거리던 구름 덩달아 새털처럼 흩어진다.

2010/01/27/19:10

가벼움, 그렇지만 결코 가볍지만은 않은
무거움, 그렇지만 결코 무겁지만은 않은

삶에 있어
가벼운 것은 늘 천박淺薄하다
그렇지만 무거운 것은 늘 진중鎭重하다

동틀 무렵 이슬 맺힌 풀밭위로 배달된
조간신문 집어든 적 있는가
채 가시지 않은 잉크냄새 상큼한 자연이 배어있는
시장바닥에서 오체투지五體投地로 구걸하는
가련한 인생의 빈 깡통에 동전 던져본 적 있는가
그런 몰골로도 그저 죽지못해 살아야하는 그 처참함에
발바닥이 부르틀 지경으로 하루 쫓다가
귀가길 문득 어린자식생각에 붕어빵 산 적 있는가
고 작고 귀여운 입으로 야금야금 뜯어먹는 모습 그려보며
이마 한가운데 대못이 박힌 고양이의
그 두려움에 찬 눈동자 그 섬뜩한 못 구멍 본 적 있는가
잔혹함이야말로 그 한계가 어디쯤인가 의심케 하는

의식意識은 늘 깨어있는 자의 몫이고
사유思惟는 늘 각성覺醒하는 자의 몫이다
가벼운 것과 무거운 것은
때론 넘치게 때론 부족하게
우리 삶을 조율한다.

2010/01/28/19:49

회오리바람

심술로 똘똘 뭉쳤나봐

어긋나게 반항하며

때론 변덕스럽기론

밴댕이 소갈딱진가봐

도무지 융통성 없고

걸핏하면 삐치는 조급한 성격

뱅글뱅글 돌아야 직성 풀리나봐

제멋대로 이리저리 돌며

어지럽게만 하면 풀릴 줄 알고

하늘 높은 줄 모르고 올라가려나봐

까마득히 내려다보며

세상 넓은 줄 어찌 알려고

땅에 있는 모든 것 휩쓸려나봐

깔때기 진공청소기로

게걸스럽게 빨아들이네

그래,
너 잘났어
네가 최고다
제 잘난 맛에 산다는데 누가 뭐래?

2010/01/28/21:39

흔들리는 하루

겨울비 염치없구나 하루 종일 내리네
진흙탕 튕기며 달아나는 몰상식한 운전자들
질척한 구두속의 두 발은 마냥 시린데
헛구역질이 치솟는다
모든 것이 흔들린다
땅거미 품어 안고 흐려지는 어둠속에서
가련한 그믐달이 몸서리친다
사물도 시야도 몸도 마음도
흔들리는 것은 곧 서러움이네

접혀진 뱃구레엔 비명이 들어차
배곯다 디진 아귀餓鬼가 들었을까
딱 한 잔 마셨을 뿐인데
홀로 버려진 광야에 섰네
지축을 뒤흔들며 파도가 밀려온다
밀물과 썰물이 교차되는 세상
숱한 것들이 사라질지라도
주검을 먹이로 다시 태어나는 생명들
허공에서 길 잃은 안타까운 소리들
이 밤 울음소리 처연하다

소주 한 잔에 하루가 흔들린다
명진이 광현이 칠성이……
다 헤어빠진 구두 뒤축만도 못한
그 잘난 놈들 니글거리는 낯판 데기
근데 버러지 같은 놈들이 요즘 대세다
등껍질 벗겨내는 고단한 시간
빗방울에 맺힌 얼굴 하나하나
딱 한 잔 마셨을 뿐인데
골방 문턱에 검은 머리 기대 잠든
분 떡칠한 화냥년처럼
소주 한 잔에 하루가 흔들리네.

2010/01/28/19:10

더 라스트미션

세상의 종말이 예고되고 검은 장막이 서서히 드리워졌다
세상의 피에로들은 각자가 익힌 재능만큼 허재비 띄운다
사랑도 증오도 기쁨도 슬픔도 은혜도 원한도 애정도 분노도
희로애락의 모든 감정과 기억 영겁의 시간과 더불어 소멸
되니
장엄하고 거룩한 의식의 막바지에 더 라스트미션이 펼쳐
진다

하늘이 주저앉고 땅이 움푹 패며 지옥의 문이 활짝 열렸다
인간들과 축생들 모두 살 구멍 찾아 이리 뛰고 저리 뛴다
고상함도 저급함도 우아함도 촌스러움도 느긋함도 조급함도
절대공포 속에서는 모든 체면과 인간다움마저 한갓 물거품
이니
모든 것들이 뒤엉킨 아수라장 속에 더 라스트미션이 펼쳐
진다.

2010/09/15/17:36

釜山文學(부산문학)의 역할과 부가 사업들

등단문 역할

우리 한국 문단은 전문 작가가 되기 위해 반드시 거쳐야 하는 관문이 있다. 바로 등단이란 관문이다. 등단은 적격을 갖춘 신문이나 잡지 등에 작품을 발표하거나, 문학상을 수상하거나, 또는 자신의 작품을 출판해서 문학계에 이름을 올리는 것을 말한다.

〈釜山文學〉은 '신인문학상'이란 등단 제도를 마련하여 시(詩), 시조, 수필, 소설, 아동문학, 문학평론, 희곡 등 모든 문학 장르에 걸쳐 재능 있는 예비작가를 발굴, 형식을 갖춰 전문작가로 추천하고 있다.

각종 문학상 시상

〈釜山文學〉은 '釜山文學賞', '소설문학상', '사이버문학상' 등의 각종 시상 제도를 마련하여 기성 작가들의 창작 의욕을 고취시키고, 더나아가 한국 문단의 위상을 높여 '노벨문학상' 등 세계적으로 권위 있는 상을 수상할 수 있는 기회를 높이는데 한 몫을 할 것이다.

장학 사업

〈釜山文學〉은 문학에 재능 있는 중·고등학교 및 대학교 학생들을 엄선하여 소정의 문학 장학금을 지급함으로써 예비작가로서의 자긍심을 한껏 고취시키고, 더나아가 작가로서의 능력을 배양함은 물론 한국의 문학 토양을 더욱 기름지게 하는 역할을 하고자 한다.

생활고를 겪는 문인 돕기

글을 써서 얼마든 벌이로 삼으려는 작가들 사이에는 '아무리 글 재주가 좋은 들 실제 호구지책으로 삼기엔 별 도움이 되지 않더라'란 자조가 만연해 있다. 그만큼 한국의 문학 풍토는 극소수의 유명 작가들만이 글로써 부귀영화를 누릴 뿐, 대다수의 작가들은 본업을 따로 갖고 있지 않으면 궁핍한 생활을 면치 못하고 있다.

〈釜山文學〉은 한국 문학에 기여한 바가 적지 않음에도 불구하고 말년에 가난에 허덕이는 문인들을 경제적으로 돕거나 재활의 기회를 마련해 주고자 한다.

번역 출판사업

한국 작가들의 문학 작품들 가운데에 전 세계 어디에 내놓아도 손색 없는 작품들이 많다. 그러나 번역에 소홀하여 세계 시장에서 인정 받지 못하고 있는 실정이다. 번역 또한 제2의 창작이라 일컫는 만큼 번역의 중요성을 도외시 해서는 안된다.

〈釜山文學〉은 유능한 작가들의 작품을 영어, 불어, 독일어, 일본어 등 다수의 외국어로 번역, 출판하고 현지에서 적극 홍보함으로써 해외 시장에 널리 알리는 역할을 할 것이다.

염가 출판사업

아무리 훌륭한 작품이라도 섭합 속(자신의 컴퓨터 내장하드)에만 보관되어 있으면 작품으로서의 가치를 인정 받기 어렵다. 〈釜山文學〉은 가난한 작가들의 경우, 주머니 사정을 고려하여 염가로 출판을 해 줄 계획이다.

 48729 / 부산광역시 동구 중앙대로 308번길 7-3 / 부산인쇄조합 3층, 주식회사 한국인
전화 : 051)441-3515, 929-7131 / 팩스 : 051)441-2493, 917-7131 / 휴대폰 : 010-3593-713

The Monthly Pure Literature of Busan 月刊

48729 / 부산광역시 동구 중앙대로 308번길 7-3 / 부산인쇄조합 3층, 주식회사 한국인
전화: 051) 441-3515, 929-7131 / 팩스: 051) 441-2493, 917-7131 / 휴대폰: 010-3593-7131

***

책같은 책의 출간을 원하신다면 「도서출판 釜山文學」으로 오세요!
저희에게 작가님의 작품집 제작을 맡겨주신다면…

다른 출판사에서는 왠지 부족한 그 **5%**를 저희가 마저 채워드리겠습니다.

1. 다른 출판사보다 훨씬 더 저렴하게! 2. 다른 출판사보다 훨씬 고급스러운 편집·디자인! 3. 「부산문학」 익월호에 책자 전면광고 무상 게재!
4. 부산지역 영광도서, 교보문고 등에 일제히 전시 판매! 5. 이북(E-Book)으로도 무상 제작하여 인터넷 유명 이북사이트에서 판매 실시!

詩集
·
隨筆集
·
小說集
·
自敍傳
·
回顧錄
·
各種畵譜

김영찬(金永燦) 시선집 제2집

초판인쇄	2019년 9월 20일
지은이	김영찬(金永燦)
주소	48729 / 부산광역시 동구 중앙대로 308번길 7-3 / 부산인쇄조합3층
휴대폰	010-3593-7131
이메일	sahachanchan@hanmail.net
발행인	김영찬(金永燦)
편집인	김종화(金鍾和)
디자인	월간「부산문학」디자인팀 /《데코·브레인》
기획·발행처	도서출판「한국인(제2014-000004호)」
출판·인쇄처	도서출판「부산문학(제2019-000001호)」
주소	부산광역시 동구 중앙대로 308번길 7-3《주식회사 한국인》
전화	(051)929-7131, 441-3515
팩스	(051)917-7131, 441-2493
홈페이지	http://www.mkorean.com · http://www.busanmunhak.com
이메일	sahachanchan@hanmail.net · sahachan@naver.com
가격	12,000원(E-Book 6,000원)
ISBN	978-89-94001-27-2 (04810)
SET ISBN	978-89-94001-32-6 (04810)
CIP	2019035625

이 도서의 국립중앙도서관 출판예정도서목록(CIP)은
서지정보유통지원시스템 홈페이지(http://seoji.nl.go.kr)와
국가자료공동목록시스템(http://www.nl.go.kr/kolisnet)에서
이용하실 수 있습니다.

ⓒ 김영찬 2019, Printed in Korea.
이 책은 저작권법에 따라 보호 받는 저작물이므로 무단전재와 무단복제를 금지하며,
이 책 내용의 전부 또는 일부를 이용하려면 반드시 저작권자인 저자와
도서출판 한국인의 서면 동의를 받아야 합니다.
파본이나 잘못된 책은 구입처에서 교환해 드립니다.